로마서 3

[개정판]

新 옥한흠 다락방 시리즈 15

로마서 3

초판　1쇄 발행 1993년 1월 30일
개정판 1쇄 발행 2011년 11월 11일
개정판 10쇄(30쇄) 발행 2025년 5월 25일

지은이 옥한흠

펴낸이 오정현
펴낸곳 국제제자훈련원
등록번호 제2013-000170호(2013년 9월 25일)
주소 서울 서초구 효령로68길 98 (서초동)
전화 02-3489-4300　　　　　**팩스** 02-3489-4309
E-mail dmipress@sarang.org

ISBN　978-89-5731-552-1　03230

※ 책값은 뒤표지에 있습니다. 잘못된 책은 구입하신 곳에서 교환해 드립니다.

국제제자훈련원은 건강한 교회를 꿈꾸는 목회의 동반자로서 제자 삼는 사역을 중심으로
성경적 목회 모델을 제시함으로써 세계 교회를 섬기는 전문 사역 기관입니다.

新 옥한흠 다락방 시리즈 15

로마서 3

[개정판]

옥한흠 지음

국제제자훈련원

교재 사용에 대하여

제자훈련의 열매는 훈련된 평신도 지도자들이 사역하는 소그룹(구역, 다락방, 셀, 목장)이라 할 수 있다. 소그룹이란 성도간에 아름다운 사랑의 교제를 나누며, 말씀 안에서 영적으로 성숙해 가도록 서로 돕고, 믿지 않는 사람들을 초청하여 복음을 나누는 소그룹 단위의 공동체다. 소그룹은 하나님의 말씀에 기초한다. 그러므로 각자의 삶을 드러낼 수 있도록 돕고 변화되어야 할 삶의 목표를 분명하게 제시할 수 있는 좋은 교재가 마련되면 효과적인 소그룹을 운영하는 데 큰 도움이 된다. 그러나 분주한 목회자의 입장에서는 직접 교재를 만든다는 것이 그리 쉬운 일이 아니다. 이런 어려움을 해결할 수 있도록 돕기 위해 마련된 것이 "옥한흠 다락방 시리즈" 이다.

본 시리즈를 사용하는 데 있어 다음 몇 가지를 참고하기 바란다.

1. 이 교재는 소그룹에서 귀납적인 방법으로 성경을 공부하기 위해 만든 것이다. 즉 성경의 가르침을 일방적으로 주입하는 대신 충분한 토의를 통해 구성원들의 생각을 먼저 정리하고 그것을 성경의 가르침과 비교하도록 구성되었다. 결코 해답 베껴 쓰기 식의 공부가 되지 않도록 해야 한다. 서툴더라도 자기 인식과 활발한 토의 참여로 생생한 결론이 나올 수 있도록 해야 한다. 따라서 지도자는 소그룹 환경에서 귀납적 방법으로 성경을 공부하는 것이 무엇인지를 반드시 먼저 배워야 한다.
2. 이 교재는 교역자가 매주 소그룹 지도자들을 먼저 예습시킨 다음 사용하게 해야 바람직한 효과를 기대할 수 있다. 소그룹 지도자는 공부할 내용을 충분히 이해해야 한다.
3. 소그룹에 참석하는 자들은 반드시 예습을 하도록 권장해야 한다.
4. 한 과를 공부하는 데에는 한 시간 이상이 필요하다. 그러므로 각 문제에 따라 답만 찾아보고 넘어가야 할 것과 충분한 토의를 통해 진지하게 적용할 것을 잘 구별해서 진행하는 것이 중요하다.

차례

구원받은 삶이 있는가?

로마서 12:1-2

 마음의 문을 열며

- -

본문에서 가장 먼저 등장하는 '그러므로' 라는 단어에 주목할 필요가 있다. 이는 대단히 중요한 의미를 담고 있다. 사도 바울은 1장부터 시작하여 11장에 이르기까지 예수를 믿음으로써 구원받는 복음에 대해 상세히 설명한다. 그리고 구원받은 자의 확신이 무엇인지, 그 기쁨이 어떠한지, 그 소망이 어느 정도인지 가슴 뜨겁도록 가르쳐 주었다. 다시 말해 구원의 터가 만세 반석 위에 완전히 닦인 것이다. 이제 터를 닦았으면 집을 세워야 하지 않겠는가? 바울은 12장부터 우리가 지어야 할 집이 어떤 것인지 말하기 시작한다. 성령의 인도하심을 기도하면서 구원받은 자의 삶이 어떠해야 하는지 함께 배워 보자.

말씀의 씨를 뿌리며

- -

1 다음 글을 읽고 자신의 느낌을 솔직하게 이야기해 보자.

❀ ❀ ❀

교리를 배웠으면 그대로 살아야 한다. 복음을 듣고 구원받았으면 반드시 구원받은 자로서의 삶이 따라와야 한다. 진리와 삶은 하나다. 말씀과 순종은 일치해야 한다. 영혼 구원과 삶의 구원은 절대 나누어져선 안 된다. 이 중요한 진리를 일깨워 주는 단어가 바로 '그러므로' 다.

예수님은 남녀의 결혼문제를 놓고 창세기에 있는 하나님 말씀을 인용해 뜻 깊은 주석을 다셨다. "하나님이 짝지어 주신 것을 사람이 나누지 못할지니라"(마 19:6). 그런데 이 말씀은 부부간에만 해당되는 것이 아니다. 하나님은 구원과 삶, 진리와 순종을 짝지어 놓으셨다. 하나님이 짝지어 놓으신 것을 사람이 함부로 나누어선 안 된다. 구원받았는가? 그렇다면 순종해야 한다. 구원받았는가? 그렇다면 당신의 삶도 구원을 받아야 한다.

그러나 우리의 현실은 어떤가? 날이 갈수록 가정이 병들어 이혼하는 부부가 늘어가듯 그리스도인의 신앙생활에서도 구원과 삶, 진리와 순종이 하나 되지 못하고 별거하거나 이혼하는 사례가 점점 늘어나는 추세다. 오늘날 교회 타락의 주범은 바로 '그러므로' 가 없는 생활이라고 말할 수 있다.

_____

_____

_____

2 은혜로 구원받은 자의 삶은 총체적으로 어떠해야 하는가?(1절)

_____

_____

3 흔히들 '죄의 작업장' 이라고 부르는 우리 몸을 '산 제물' 로 드리라고 한 이유는 무엇인가? 이것을 몸으로 움직이는 삶 전부를 드리라는 의미로 받아들여도 되는가?(참고 / 고전 6:15, 19; 고후 5:15)

_____

_____

4 우리 몸을 하나님께 드리려고 할 때 갖추어야 할 두 가지 조건은 무엇인가?(1절, 참고 / 딤후 2:21-22; 레 22:21-22)

_____

_____

5 우리가 세상 속에서 직접 부딪히는 삶 전부를 거룩히 구별하여 산 제물로 하나님께 드리는 것을 영적 예배라고 한다. 먹고 마시는 것, 자고 일어나는 것, 집안일과 직장에서 근무하는 것 모두가 하나님을 기쁘시게하는 예배가 된다는 말이다. 얼마나 황홀한 이야기인지 모른다. 이 진리하나만으로도 우리는 충분히 행복할 수 있는 조건을 가졌다. 이 말에 공감하는가? 이 사실로 말미암아 자신의 평범한 삶이 의미 있고 보람차다고 얼마나 자주 느끼는가?

_____

_____

_____

6 우리 중에는 몸으로 드리는 거룩한 산 제물을 성직자, 선교사 등 특별한 소명을 받은 이에게만 해당되는 것으로 보는 사람이 많다. 이 견해에서 잘못된 것은 무엇인가?(참고/ 고전 10:31)

_____

_____

_____

7 하찮게 보이는 하루의 일과가 하나님을 섬기는 합당한 봉사가 되지 못한다면 우리 생활은 95퍼센트 실패작이 되고 말 것이다. 왜냐하면 우리 삶은 십중팔구 매일 반복되는 하찮은 일로 이루어진다고 해도 지나친 말이 아니기 때문이다. 그런데 이 하찮은 일이 거룩한 산 제물이 되게 하지 못하는 것이 우리 대부분의 현실이다. 왜 이런 모순이 교회 안에서 당연시되고 있는가?

_____

_____

_____

8 우리의 삶 전부가 향기로운 제사가 되도록 하기 위해 한시도 잊어선 안 되는 것이 있다. 2절을 읽고 그 의미를 생각해 보자.

_____

_____

_____

9 하나님의 뜻은 이미 로마서 1장부터 11장에서 여러 번 드러났다. 세상을 구원하는 것이 하나님의 뜻이요, 구원받은 우리가 거룩하게 사는 것이 그분의 뜻이다. 그러므로 우리에게 꼭 필요한 것은 때를 따라 그 뜻

을 분별하는 능력이다. 영적 분별력을 갖추기 위해 꼭 실천해야 할 두 가지는 무엇인가?(2절, 참고 / 엡 4:24; 요일 2:15)

_____

_____

_____

 삶의 열매를 거두며

다음 글을 읽고 당장 자신이 결심해야 할 일이 무엇인지 찾아보자.

❀ ❀ ❀

"너희는 이 세대를 본받지 말고 오직 마음을 새롭게 함으로 변화를 받아"(2절).

이 말씀은 세상의 부패한 행동양식을 거부하라고 가르친다. 세상 사람을 따라 살지 말고 오직 마음을 새롭게 함으로써 변화를 받으라고 교훈한다. 우리는 어느 선까지 거부해야 하는지 상황이 너무 복잡해서 분별하기가 쉽지 않다. 인생살이가 너무 복잡하기 때문인데, 사회구조도 복잡하기는 마찬가지다. 또한 문화 여건에 따라 선을 긋는 기준이 달라지기도 한다.

그러나 하나님의 은혜를 받으면 분별할 수 있다. 상황에 따라 어디에 선을 그어야 할지 알 수 있다는 말이다. 거부할 것은 무엇이며, 허락할 것은 무엇인지 날마다 마음을 새롭게 하는 노력을 통해 분별할 수 있다는 말이다. '마음을 새롭게 하는 것'이 무엇인가? 이것은 중생(重生)을 말하는 게 아니다.

사용하는 물건을 한번 보라. 아무리 아름답고 완벽하게 만든 것일지라도 그대로 두면 먼지가 앉고 더러워진다. 계속 닦아 주거나 관리하지 않으면 대부분 못쓰게 된다. 거듭난 우리 영혼도 마찬가지다. 자주 닦고 손질하지 않으면 금방 더러워진다. 그러므로 마음을 새롭게 하라는 말은 날마다 하나님 앞에 말씀과 기도로 마음을 깨끗이 닦으라는 뜻이다. 하나님의 뜻이 무엇인지 항상 분별하도록 자기 영혼을 깨끗이 유지하라는 말이다.

그래서 기도의 골방이 얼마나 중요한지 모른다. 규칙적으로 말씀을 읽고 성령의 인도하심을 받아 주의 음성을 듣는 일은 대단히 중요하다. 그러므로 날마다 우리에게 필요한 영감과 힘과 지혜를 주시는 하나님 앞에 나아가야 한다. 일을 멈추고 기도하는 사람이 되어야 한다.

Lesson **37**

교회 봉사부터 먼저 하라

로마서 12:3-8

 마음의 문을 열며

우리 삶의 모든 것이 하나님이 기뻐하시는 산 제사가 되도록 하려면 어디서부터 시작해야 할까? 아무리 대단한 진리라도 이론으로만 알고 실천하지 않는다면 휴지 조각이 되기 쉽다. 사도 바울이 우리에게 하나님이 기뻐하시는 산 제사를 어디서부터 드려야 하는지 구체적으로 설명하는 이유가 여기에 있다. 무엇보다 먼저 믿음의 형제자매들이 있는 교회 안에서 시작해야 한다. 3~13절의 내용이 바로 그것이다. 그리고 14절 이하에서는 사회에서 드릴 산 제사를 말씀한다. 순서상으로 볼 때 먼저 교회 안에서 섬김의 삶을 살아야 한다는 것이다. 교회 안에서 하나님을 위하고 이웃을 위하는 거룩한 삶을 살지 못하는 사람이 어떻게 세상에 나가 바로 살 수 있겠는가?

15

말씀의 씨를 뿌리며

----

1 교회 봉사부터 먼저 해야 하는 이유가 무엇인가?(5절, 참고 / 마 19:19)

_____

_____

_____

2 교회 안에 있는 형제를 섬기는 것은 곧 내 몸을 위하는 것이요, 내 몸에 봉사하는 것과 같다. 이렇게 볼 때 우리는 당연히 내 몸을 먼저 돌볼 줄 알아야 한다. 자신의 몸부터 돌볼 줄 아는 사람이라야 내 몸이 아닌 다른 사람을 섬길 수 있다. 이 말씀을 통해 어느 것보다 교회 봉사를 우선시해야 한다는 사실을 깨닫게 된다. 그러나 교회에 다니면서도 이렇게 생각하는 사람이 많지 않다. 당신은 어떤가?

_____

_____

_____

3 교회 봉사를 잘하도록 성령은 각 지체에게 무엇을 주셨는가?(4, 6절)

_____

_____

_____

4 바울이 열거한 은사 가운데 당신이 받았으면 하는 것은 무엇인가? 그리고 그 은사를 소원하는 이유는 무엇인가?

_____

_____

_____

5 예언이 무엇인지에 대해서는 두 가지 상반된 견해가 있다. 그 하나는 하나님 나라의 꿈을 가지고 복음을 전하거나 성경을 깨닫고 그것을 잘 가르치는 은사라고 보는 입장이다. 다른 하나는 글자 그대로 장차 개인이나 세계에 일어날 일을 미리 알리는 것이라고 보는 입장이다. 당신은 어느 해석을 더 선호하는가?(참고 / 행 2:17-18, 11:28; 고전 14:1)

_____

_____

_____

6 다음 글을 읽고 느낀 것을 이야기해 보자.

❀ ❀ ❀

역사적으로 보면 예언은 특별하고 희귀한 은사다. 성경이 완성된 다음에는 이 은사가 거의 사라졌다고 해도 과언이 아니다. 그 이유가 정확히 무엇인지 알 수 없지만 2천 년 가까이 예언자라고 불릴 만한 인물이 등장하지 않았다는 사실을 보아도 짐작할 수 있다.

오늘날 우리가 안고 있는 문제는 예언하는 자가 귀하다는 것보다 오히려 너나 할 것 없이 아무나 예언할 수 있다고 생각하는 데 있다. 전부 그런 것은 아니지만 깊은 산속에 들어가 열심히 기도했다는 사람 중에 예언의 은사를 받았다는 자가 많다. 그런데 이들은 가는 곳마다 문제를 일으킨다. 그중에는 예수 점쟁이가 된 사람도 있는데, 틀림없이 마귀가 그들을 이용하고 있을 것이다. 마귀가 점을 치면 얼마나 정확하게 맞추는지 상식적으로 잘 알고 있지 않은가? 소위 예언한다는 자들이 점쟁이와 다른

17

것이 있다면 예수 이름으로 점친다는 것뿐이다. 마귀에게는 조금도 이상한 일이 아니다. 실제로 있었던 이야기를 예로 들겠다.

어떤 사람이 사업을 시작하기 전에 예언을 잘한다는 사람을 찾아갔다. 그 사업을 해야 좋을지 안 해야 좋을지 알고 싶었던 것이다. 예언자는 일을 벌이기만 하면 반드시 하나님의 축복이 쏟아질 것이라고 장담했다. 그리고 한 가지 덧붙여 돈을 벌면 반드시 자기한테 얼마를 헌금하라는 말도 잊지 않았다. 그 말을 듣고 그는 힘을 얻어 사업을 시작했지만 크게 실패하고 말았다. 화가 난 그는 점쟁이를 상대로 소송을 제기했다. 자칭 예언자라고 떠벌렸던 사람은 다름 아닌 모 교회의 권사였다. 요즘 이런 예수 점쟁이를 흔하게 볼 수 있다.

_____

_____

_____

_____

7 하나님이 기뻐하시는 봉사를 하려면 겸손해야 한다. 그것으로 교회에 덕을 끼쳐야 한다. 겸손하게 봉사하기 위해 어떠한 마음가짐을 가져야 하는가?(3절)

_____

_____

_____

8 당신은 지금 지나친 욕심으로 앉아서는 안 될 자리에 앉아 있지는 않는가? 다른 지체에게 기회를 준다면 온 교회가 더 큰 유익을 얻을 수 있는 일을 당신이 쥐고 있어서 문제가 되지는 않는가? 다음 글을 읽고 답해 보라.

❋ ❋ ❋

겸손은 자신이 못하는 것이 있음을 인정하는 것이다. 겸손은 내게 없는 은사가 다른 지체에게 있음을 인정하는 것이다. 즉 겸손은 내가 못하는 일을 저 지체가 할 수 있음을 인정하는 것이다. 겸손은 내가 중요한 것처럼 다른 지체도 똑같이 중요하다는 것을 인정하는 마음의 자세다.

교회 안에서 가장 어려운 사람이 누구인가? '내가 아니면 안 된다'는 아집에 사로잡혀 일하는 사람이다. 열심이 지나치면 가끔 그렇게 될 수 있다. 그 열심이 아무리 뜨거워도 자기만 할 수 있다는 교만한 마음으로 교회를 섬긴다면 어떤 일이 생길까? 오히려 그런 사람은 골칫거리가 될 뿐이다. 차라리 아무것도 하지 않고 가만히 있는 편이 좋다.

_____

_____

_____

9 가끔 삶의 균형을 잃은 사람들이 있다. 교회 봉사가 우선이라면서 집안 일은 아예 밀쳐놓고 교회에 나와 살거나, 직장생활은 적당히 하면서 교회 주변만 맴도는 사람들이 있다. 이것이 왜 문제가 된다고 생각하는가?

_____

_____

_____

지금 당신이 교회 안에서 다른 형제를 섬기기 위해 하고 있는 사역이 있다면 무엇인지 말해 보라. 만약 아무것도 없다면 언제부터 시작할 생각인가? 그리고 어떤 분야에서 봉사하고 싶은가?

로 잠깐

교회 안에서는 이렇게 봉사하라

로마서 12:9-13

 마음의 문을 열며

- -

지난 시간, 믿음으로 구원받은 사람은 주님의 은혜에 보답하기 위해 자기 몸을 하나님이 기뻐하시는 거룩한 산 제물로 드려야 하며, 이를 위해 먼저 교회 안에서의 봉사부터 시작해야 한다고 배웠다. 교회는 주님의 몸인 동시에 우리의 몸이기 때문이다. 오늘은 교회 안에서 봉사하려는 사람이 반드시 알아야 할 네 가지 기본적인 원리를 배우고자 한다. 왜냐하면 봉사라고 해서 무조건 다 좋은 것은 아니기 때문이다. 운동장에서 뛰는 선수가 경기 규칙대로 뛰어야 하듯 교회 안에서 봉사하는 사람은 하나님이 성경말씀을 통해 가르쳐 주신 원칙대로 봉사해야 한다.

1 교회마다 들여다보면 크고 작은 시험들이 많이 있다. 그런 교회는 충성스럽게 봉사하는 사람이 없어서 시험을 당하는 것일까? 꼭 그런 것은 아니다. 어떤 교회라도 봉사하는 사람은 다 있게 마련이다. 수가 많고 적음의 차이는 있을지 모르지만 교회마다 재물을 드리고, 시간을 드리고, 전력을 다해서 열심히 봉사하는 사람들이 있다. 그런데도 왜 교회가 어려움을 당하는 걸까? 이 점에 대해 자신의 생각을 나누어 보자.

_____

_____

_____

2 본문은 우리가 교회 안에서 봉사할 때 명심하고 지켜야 할 많은 원리를 가르쳐 준다. 이 원리는 크게 네 가지로 나뉘는데, 그중 첫째는 '사랑으로 봉사하라'는 것이다. 이에 대해 성경은 어떻게 말씀하고 있는가? (9-10절)

_____

_____

_____

3 사랑은 진실해야 한다. 거짓이 숨어 있으면 안 된다. 다음 글을 읽고 당신에게는 이런 모습이 없는지 반성해 보라.

❀ ❀ ❀

혹시 '선반 사랑'이라는 말을 들어봤는가? 선반 위에 귀한 것이 올려져 있을 때, 그것을 어떻게 하면 내 것으로 만들 수 있을까 해서 갖은 아양을 떨며 마음에도 없는 행동을 하는 것을 빗대어 '선반 사랑'이라고 한다. 자기 눈에 드는 것이라면 어떻게 해서라도 손에 넣겠다는 얄팍한 계산에서 하는 사랑이다. 유익을 미리 따져 보고 사랑하는 사람은 위선자다. 그것은 거짓된 사랑이다. 진실한 사랑이 아니다.

_____

_____

4 다음 두 구절에서 옛 계명과 새 계명을 비교해 보라. 사랑의 표준이 어떻게 다른지 알 수 있을 것이다. 예수님은 둘 중 어느 것을 명령하시는가? 그 이유는 무엇인가?

• 마태복음 19:19

_____

_____

• 요한복음 13:34

_____

_____

5 사랑은 구원받은 증거다. 구원을 확신하는 사람에게는 믿음 못지않게 사랑이 중요하다는 사실을 다음 두 구절의 말씀을 놓고 설명해 보라.

• 요한복음 5:24

_____

_____

• 요한일서 3:14

_____

_____

6 교회에서 봉사하는 데 지켜야 할 두 번째 원리는 무엇인가?(11절, 참고 / 계 3:15)

_____

_____

_____

7 세 번째 원리는 '어려워도 봉사하라' 는 것이다. 12절 말씀을 보라.

_____

_____

_____

8 우리는 육신의 몸을 입고 봉사하기 때문에 종종 어려운 일을 만나기도 한다. 때로는 육체적인 건강이 상할 때도 있고, 시간에 쫓겨서 일이 제대로 진행되지 않을 때도 있다. 게다가 가정에 우환이 생길 수도 있고, 남에게 욕을 먹기도 한다. 이런 경우 당신은 어떻게 하겠는가?

_____

_____

_____

9 교회 봉사에 대한 네 번째 원리가 있다. 무엇인가?(13절)

_____

_____

_____

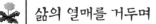

다음 이야기가 주는 교훈이 무엇인지 이야기해 보자.

✿ ✿ ✿

밴 다이크의 소설 『대저택』은 비록 꾸며낸 이야기지만, 우리에게 주는 메시지가 있다. 그 내용은 이렇다.

어떤 부자가 천국에 갔습니다. 그는 천사가 인도하는 대로 자기 집을 찾아갔습니다. 그러자 아주 작은 오두막이 나타났습니다. 보기에도 민망한 그 오두막이 그가 살아야 할 집이었습니다. 그는 너무 어이가 없었습니다. 그런데 자기 집 옆에는 천사들이 으리으리한 대저택을 열심히 짓고 있었습니다. 누구의 집이냐고 물었더니 그와 한 동네에 살던 초라한 의사의 집이라고 했습니다. 자기에 비해 형편없던 그가 어떻게 이런 대저택에서 살 수 있느냐고 항의조로 따졌더니 천사가 말했습니다. "지금 짓고 있는 건축 자재는 모두 그 의사가 세상에 사는 동안 부지런히 보내온 것들입니다. 그런데 당신은 너무 적게 보냈어요. 당신이 평생 보낸 자재만으로는 이 오두막의 지붕도 제대로 씌울 수 없을 정도였습니다. 그러나 대저택을 보십시오. 당신이 잘 아는 그 가난한 의사는 평생 남에게 나누어 주는 것을 기쁨으로 알고 살았습니다. 그가 남을 위해 쓴 것들은 하나도 빠짐없이 이곳에 도착했습니다. 자재가 너무 많아 저렇게 큰 저택을 짓고도 남을 정도가 되었답니다."

하나님의 자녀다운 관계

로마서 12:14-21

 마음의 문을 열며

오늘 본문은 중요한 진리 하나를 가르쳐 주고 있다. 그리스도인은 사회생활을 하면서 불신자들과도 덕이 되는 인간관계를 유지해야 하며, 그 결과 하나님 아버지께 영광을 돌려야 한다는 말씀이다. 우리 대부분은 교회 안에서만 생활하는 사람이 아니며, 세상에 흩어져 하루하루를 살아간다. 따라서 아침에 눈을 뜨는 순간부터 믿는 사람보다 믿지 않는 사람을 훨씬 더 많이 만난다. 영적인 의미에서 볼 때, 예수님을 믿지 않는 사람들은 우리에게 우호적이기보다는 적대적이라고 말하는 것이 솔직한 표현이다.

그럼에도 그들에게 다가가야 하고 그들 곁에 있어야 한다. 왜냐하면 하나님이 우리를 복음의 사신으로 보내셨기 때문이다. 어떻게 해야 하나님 앞에 성공적인 대인관계를 유지할 수 있는가? 이 시간 함께 배워 보도록 하자.

말씀의 씨를 뿌리며

다음 글을 읽고 당신의 생각을 나누어 보라.

❀ ❀ ❀

사회생활을 잘하려면 기본적으로 갖추어야 할 요건이 많다. 그중 덕스러운 대인관계를 유지하는 능력만큼 중요한 것이 없다. 하버드 대학교 경영대학원에서 사용하는 교재에 이런 내용이 있다고 한다. "두뇌를 갈고 닦고 기술을 연마하는 훈련을 잘해 사회에서 성공할 수 있는 확률은 10퍼센트인 데 비해 대인관계를 뛰어나게 잘해서 성공할 수 있는 확률은 85퍼센트에 이른다." 대인관계를 덕스럽게 잘함으로써 성공하는 사람이 머리 좋고 똑똑해서 성공하는 사람보다 훨씬 많다는 이야기다.

또 어떤 조사 자료를 보면 직장에서 능력이 없어 해고당하는 경우보다 대인관계를 잘하지 못해 해고당하는 경우가 거의 두 배나 된다는 통계가 있다. 그만큼 대인관계는 중요한 것이다. 그렇다고 해서 요즘 유행하는 말처럼 줄을 잘 서야 하는 것으로 오해하지 말길 바란다. 절대 그런 의미가 아니다. 어떤 인간관계를 가지느냐에 따라 그 사람의 삶이 좌우될 수 있다는 뜻이다.

_____

_____

_____

_____

1 상대가 신자든 불신자든 우리가 대인관계를 맺으면서 명심해야 할 두 가지 원리가 있다. 18절을 보라. 첫 번째는 무엇인가? 특별히 '할 수 있

거든' 이라고 말씀하시는 이유가 무엇인지 생각해 보라.

_____

_____

_____

2 대인관계에서 명심해야 할 두 번째 원리가 있다. 21절을 보라. 그것이 무엇인가?

_____

_____

_____

3 화목한 대인관계, 선으로 악을 이기는 대인관계를 성공적으로 유지하기 위해 우리가 실천해야 할 덕목이 있다. 그중 첫 번째가 무엇인지 예수님의 모습과 비교하며 살펴보자(14절, 참고 / 벧전 2:23, 3:9).

_____

_____

_____

4 당신의 입에서는 축복과 저주 중 무엇이 더 많이 나온다고 생각하는가?(참고 / 약 3:9-10)

_____

_____

_____

5 하나님 앞에 성공적인 대인관계를 위해 실천해야 할 두 번째 덕목은 무엇인가?(15절)

_____

_____

_____

6 다음 글을 읽고 어떻게 하면 마음을 주는 이웃이 될 수 있는지 이야기해 보자.

❀ ❀ ❀

지금으로부터 1,800년 전에 살았던 크리소스톰이라고 하는 설교자가 정곡을 찌르는 한마디를 했다. "우는 자와 함께 우는 것은 웃는 자와 함께 웃는 것보다는 쉽다. 우리가 웃는 자와 함께 웃기 위해서는 훨씬 더 고상한 인격을 필요로 한다." 이웃이 당한 슬픔보다 이웃에게 찾아온 기쁨에 동참하는 것이 결코 쉽지 않다는 뜻이다. 우리나라 속담에 "사촌이 땅을 사면 배가 아프다"라는 말이 있다. 형제들이 땅을 사서 부자가 되면 진심으로 기뻐해 주어야 하는데 그렇지 않다는 것이다. 인간에게는 잘 모르는 사람보다 오히려 가까운 사람이 잘되는 것을 은근히 싫어하고 견제하는 심리가 있다. 어떤 사람은 사랑은 '다른 사람이 진정 잘되기를 바라는 일'이라고 정의했다. 다른 사람이 잘되기를 바라고 진정으로 기뻐할 수만 있다면 그는 정말 사랑하는 사람이다.

_____

_____

_____

7 대인관계를 위한 세 번째 덕목은 무엇인가?(16절)

_____

_____

_____

8 네 번째 덕목은 무엇인가?(19-20절)

_____

_____

_____

9 사람의 본능에는 강한 보복 심리가 있다고 한다. 눈에는 눈으로, 이에는 이로, 생명에는 생명으로 복수하고 싶어 하는 마음이 누구에게나 있다는 것이다. 그러나 하나님은 절대 복수하지 말라고 말씀하신다. 눈에는 눈으로, 이에는 이로, 우리에게는 이처럼 공정하게 원수 갚을 만한 능력이 없다. 오히려 우리는 원수에게 더 갚았으면 갚았지, 덜 갚지 않는다. 공정하게 원수 갚을 수 있는 능력을 가진 이는 하나님 한 분밖에 없다. 그러므로 어떤 억울한 일을 당해도 하나님께 맡겨 드려야 한다. 스스로 칼을 들고 나서면 안 된다. 당신은 원수 갚는 것을 하나님께 위임하고 마음의 평안을 얻은 경험이 있는가?

_____

_____

_____

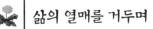
삶의 열매를 거두며

다음 글을 읽고 느낀 바를 정리해 보자. 그리고 온몸이 뜨거워지는 감동의 은혜를 체험하기 위해 지금 당장 실천에 옮겨야 할 일이 무엇인지 생각해 보자.

❀ ❀ ❀

"네 원수가 주리거든 먹이고 목마르거든 마시게 하라 그리함으로 네가 숯불을 그 머리에 쌓아 놓으리라"(12:20). 이 말씀은 무슨 의미인가? 원수에게 복수하지 않고 오히려 그들이 어려울 때 먹을 것과 마실 것을 갖다 주면 그들의 머리에 숯불을 얹는 것과 같다고 한다. 가령 뜨거운 화로를 머리에 얹은 사람이 있다고 상상해 보자. 얼마나 화들짝 놀라 길길이 뛰겠는가. 머리에 숯불을 얹었다는 비유에 대해서는 여러 가지 해석이 있다. 그중 가장 공감하는 견해는 다음과 같다. 원수일지라도 그가 어려울 때 가서 먹을 것을 주고, 마실 것을 주면 그 사람은 머리부터 시작해서 전신이 뜨거운 감동을 받게 된다는 것이다. 사랑의 불에 녹아 버린 마음에는 복수의 칼이 남아 있을 수 없다. 사랑을 공급하면 원수의 마음을 녹일 수 있고, 원수를 하나님 앞에 회개하고 돌아오도록 만든다. 그러므로 하나님은 우리에게 원수를 갚지 말라고 말씀하시는 것이다.

31

Lesson **40**

그리스도인과 정치적 책임

로마서 13:1-7

마음의 문을 열며

어떤 성경학자는 "로마서 13장 1-7절까지의 말씀은 바울이 쓴 것이 아니라 누군가 갖다 붙인 것이다. 그러므로 그것은 성경이라고 말할 수 없다"라고 악평을 했다. 이 논리대로라면 앞에 있는 12장 21절은 13장 8절과 연결되어야 한다. 그렇다면 그 사이에 있는 1-7절의 말씀은 빼도 된다는 말인가? 절대 아니다. 일점일획도 거짓 없는 하나님 말씀을 그렇게 함부로 대해선 안 된다. 이 말씀을 놓고 누가 첨가했다느니 각 색했다느니 하는 것은 성경을 모독하는 짓이다. 다만 오늘 본문은 이해하기가 그만 큼 쉽지 않다는 사실을 알 수 있다. 따라서 우리는 말씀을 묵상하면서 성령의 인도하 심을 구해야 한다.

말씀의 씨를 뿌리며

----

1 다음 내용을 읽고 이 시간 다루게 될 본문의 중요성에 대해 정리해 보자.

✹ ✹ ✹

여기서 왜 갑자기 정치적인 이야기가 나오는가? 두 개의 시각으로 이해할 수 있다고 본다. 당시에 바울한테서 이 서신을 받아 읽게 될 로마 교인들은 대부분 유대인이었다. 그들은 식민지 백성으로 어렵게 살았으므로 로마 정부에 반감이 많았다. 그중에는 극단적인 행동을 서슴지 않는 극렬분자도 존재했다. 그들은 로마 황제를 자기들의 지도자로 인정하지 않았다. 유대인의 지도자는 오직 하나님밖에 없다고 믿었다. 그들은 세금 바치는 것을 거부했다. 고분고분 세금을 바치는 자가 있으면 암암리에 그 집에 불을 지르거나, 당사자를 죽이는 일까지 서슴지 않았다. 이런 독특한 분위기 때문에 로마의 유대 그리스도인들은 애매한 상황에 처할 수밖에 없었다. 로마 정부에 대해 어떤 태도를 취해야 하나님이 기뻐하실지, 이러지도 저러지도 못하는 매우 난감한 위치에 놓였던 것이다.

그들의 처지를 염두에 두고 바울은 로마서 13장을 시작한다. 국가가 필요한 이상, 국가에 대해 국민으로서 해야 할 책임이 있다는 것을 가르친다. 이웃에게 원수 갚지 말라고 하는 원리는 국가에 대해서도 마찬가지다.

한편 또 다른 각도에서 생각해 볼 수 있다. 로마서 12장의 말씀대로 이웃을 향해 겸손하고, 축복하고, 마음을 주고, 원수를 갚지 않으면 우리 모두는 법 없이도 살 수 있다. 이런 경우 자칫 국가도 필요 없고 통치자도 필요 없다는 이상주의자가 되기 쉽다. 그러다가 결국 세상 국가에 대한 의무를 태만히 하게 된다. 예수 믿는 사람들이 모두 이런 식으로 행동한다면 정상적인 사회생활을 할 수 없을 것이다. 그래서 바울은 우리의 시민권이 하늘에 있는 것처럼 지상 국가에도 있으므로 세상 국가에 대한 책임과 의무를 다해야 한다고 가르친다.

_____

_____

_____

2 통치자의 권위에 대해 우리는 어떻게 해야 하는가?(1-2절, 참고 / 단 4:32; 벧전 2:13-14)

_____

_____

_____

3 "존경할 만한 일말의 가치도 없는 악랄한 사람이라도 공적인 권력을 장악하면 하나님이 주신 정의와 심판의 사자로서 갖는 그 찬란하고도 거룩한 권세가 그에게 속한다. 그러므로 백성은 가장 훌륭한 왕에게 바치는 것과 똑같은 존경을 그에게도 바쳐야 한다." 이는 종교개혁자 칼뱅의 말이다. 당신은 이 말에 동의하는가?(참고 / 요 19:11)

_____

_____

_____

4 맹목적인 복종만이 정당화될 수 있다는 뜻인가? 잘못된 권력에 불복종하는 것은 시민의 권리가 아닌가? 다음 글을 참고하면서 대답해 보자.

❀ ❀ ❀

워터게이트 사건의 주범이었던 찰스 콜슨(Charles Colson)이 예수님을 믿고 변화된 후에 시민이 불복종할 수 있는 원칙 네 가지를 다음과 같이 말했다.

정부가 교회의 역할을 대신하려고 하거나 하나님께만 드리는 충성을 빼앗아 가려고 할 때 불복종할 수 있다. 국가가 양심의 자유를 제한할 때 불복종할 수 있다. 국가가 하나님이 명령하신 생명을 지키고 질서와 정의를 보존하라고 하는 책임을 기만하고 무시할 때 불복종할 수 있다. 그리고 불복종한 결과에 대해 책임을 질 수 있을 때 불복종할 수 있다.

우리가 명심해야 할 것은 불복종할 수는 있지만, 불복종을 먼저 앞세우면 안 된다는 것이다. 불복종하기 전에 존경하는 자세를 먼저 앞세워야 한다. 권위에 대한 존경 없이 불복종만 외치는 사람은 나라를 망치려는 자요, 하나님의 거룩한 주권을 침해하는 자라고 할 수 있다.

_____

_____

5 국가의 권세를 인정하고 복종하는 사람은 법을 지켜야 한다. 3절에서는 이 사실을 어떻게 말씀하는가?

_____

_____

_____

6 "법은 강력한 힘줄이며 나라의 혼이다. 법은 말 없는 공직자요, 공직자는 살아 있는 법이다"라는 말이 있다. 국가란 원래 서로 법을 준수하기로 서약하고 결속한 집단이다. 그러므로 법을 지키겠다는 상호간의 약속이 무너지면 무질서만 남게 된다. 따라서 법을 지키느냐 안 지키느냐는 양심의 문제라고 말할 수 있다. 5절을 살펴보라.

_____

_____

7 우리 중에는 교통법규 하나쯤은 지키지 않아도 괜찮다는 식으로 행동하는 사람이 있다. 이는 하나님 앞에서 양심으로 대답해야 할 문제가 아닐까 한다. 당신의 생각은 어떤가?

_____

_____

_____

8 위에 있는 권세들에 복종하기 위해서는 국민의 의무를 다해야 한다. 6-7절을 살펴보라.

_____

_____

_____

9 납세는 국민의 의무다. 정부를 지지하든 안 하든 우리의 안녕과 행복을 위해 세금을 내야 한다. 이것이 그리스도인의 바른 자세다. 일각에서는 세무 행정이 공정하지 않으므로 정직하게 세금을 내는 것은 어리석은 짓이라고 말한다. 당신은 세금을 정직하게 내는 것에 대해 어떻게 생각하는가?

_____

_____

_____

삶의 열매를 거두며

국가의 통치자를 위해, 그리고 이 나라를 위해 당신은 책임감을 갖고 기도
하는가? 그리고 어떤 내용의 기도를 하는가? 당신이 통치권자에게 바라는
것이 있다면 무엇이며, 그 소원이 당신의 기도에 얼마나 반영되는가?

평생 갚을 수 없는 사랑의 빚

로마서 13:8-10

 마음의 문을 열며

값없이 은혜로 구원받은 우리에게 하나님이 원하시는 삶은 그 수준이 높다. 특히 사랑을 실천하는 문제에 있어 하나님은 온전함을 요구하신다(마 5:48). 따라서 우리는 사랑에 대한 설교를 한두 번 듣는 것으로 끝내서는 안 된다. 백 번, 천 번이라도 지킬 때까지 들어야 하고 배워야 한다. 가르침의 목적은 실천하는 데 있다. 만약 말씀을 매번 듣고 배우면서도 지키지 않는다면 아직 말씀을 잘 알지 못한다고 할 수 있다. 사랑에 관한 말씀이 특히 그렇다. 다시 한 번 겸허한 자세로 사랑하라는 주님의 명령에 귀를 기울이자.

1 사랑과 율법의 관계를 어떻게 말씀하는가?(8-10절, 참고 / 마 22:35-40)

_____

_____

_____

2 형제자매를 사랑하는 자는 간음하지 않는다고 한다. 그 이유가 무엇인가?

_____

_____

_____

3 인간의 본능 속에 숨어 있는 성적 충동은 화약과 같다. 잘 쓰면 유용하지만 잘못 쓰면 대단히 위험하기 때문이다. 그래서 하나님은 성을 결혼이라고 하는 탄피 속에 넣어 뚜껑을 봉해 놓으신 것이다. 그러나 일부 현대인은 그 뚜껑을 뜯어 폭발시켜야 속이 시원하다고 생각하는 것 같다. 적지 않은 사람이 자신의 성적 욕망을 통제할 수 있는 능력을 점점 잃어 가고 있다. 오늘의 문란한 성 문화를 보는 당신의 생각은 어떤가? 다음 글을 읽고 답해 보라.

❀ ❀ ❀

인류문명의 변천사를 보면 지금까지 여든여덟 개의 문명이 생기고, 번성하고 쇠퇴하고, 몰락하는 과정을 거쳐 오늘에 이르렀다고 한다. 이 같은 흥망성쇠의 과정을 연구 분석한 역사학자들의 말에 따르면, 어느 문명이든 쇠퇴기에 접어들면 동일한 현상이 나타난다고 한다. 가장 먼저 가정

생활이 붕괴되고, 이혼이 빈번해지고, 성 개방 풍조로 도덕적으로 몹시 문란한 사회가 된다. 이는 인류역사상 여든여덟 개의 문명이 몰락할 때 나타난 말기 현상이었다. 오늘날 현대문명도 과거에 몰락한 여든여덟 개의 문명이 걸어왔던 길을 그대로 답습하고 있는 것 같다. 우리나라도 마찬가지다. 성 문란과 퇴폐풍조 때문에 날이 갈수록 성범죄가 폭발적으로 늘어나고 있다.

---

4 형제자매를 사랑하는 자는 살인하지 않는다고 한다. 여기서 말하는 살인이란 어떤 것인지 다음 글을 읽고 정리해 보자.

❀ ❀ ❀

살인은 인간의 가장 귀중한 재산인 생명을 빼앗아가는 행위다. 다시 돌려받을 수 없는 크나큰 손해를 입히는 것이다. 그것은 하나님의 형상을 파손하는 행위다. 살인은 마음으로 미워하는 데서부터 생명을 해하려는 음모, 그리고 죽이는 행위까지 다 포함한다. "나는 너희에게 이르노니 형제에게 노하는 자마다 심판을 받게 되고 형제를 대하여 라가라 하는 자는 공회에 잡혀가게 되고 미련한 놈이라 하는 자는 지옥 불에 들어가게 되리라"(마 5:22). 왜 이런 말씀을 하셨을까? 형제를 마음으로 살인했기 때문이다.

'노하다'는 헬라어로 '오르게'라고 하는데, 이것은 뿌리 깊은 분노를 가슴에 품고 있음을 말한다. 그러므로 오르게는 마음의 살인이 된다. '라가'는 형제를 깔보고 멸시하는 욕설로, 인격을 모독하는 말이다. '미련한 놈'은 원어로 '모레'라고 하는데 영어의 moron과 통하는 단어다. 성인이 되었어도 지능이 불과 열 몇 살 정도밖에 되지 않는 사람을 멸시하면서 내뱉는 말이다. 무슨 말로 욕하든지 형제자매를 인격적으로 모독하고 깔보면 벌써 마음으로 그를 죽이는 것과 같다. 이웃을 사랑하는 자는 형제자매에게 모욕적인 말을 할 수가 없다. 형제자매를 모독하는 것은 마음으로 살인하는 것이나 마찬가지다.

---

5 당신은 살인과 아무 관계가 없다고 말할 수 있는가?

---

6 오늘날 우리는 비인간화의 거센 물결에 밀려 생명경시 풍조가 만연해 가는 현실에 살고 있다. 이제 한두 사람이 죽는 것은 별다른 뉴스거리가 되지 못한다. 생명에 대한 경외감이 점점 사라지고 있다. 생명의 존엄성에 대한 관심도 점점 줄어들고 있다. 하나님 말씀에 비춰 생각해 보자. 정말 이웃을 나 자신처럼 사랑한다면 이처럼 생명을 천시하지 않을 것이다. 우리 모두 자신도 모르게 이런 병든 풍조에 익숙해 있는 것은 아닌지 서로의 생각을 나누어 보자.

---

7 사랑은 평생 갚지 못할 빚과 같다고 말한다. 8절 앞부분을 한번 읽어 보고, 그 의미가 무엇인지 생각해 보라.

_____

_____

_____

8 하나님이 명하시는 사랑은 아가페다. 이는 감정의 사랑이 아니라 의지의 사랑이다. 그런데 우리는 감정이 뜨거워지거나 마음이 끌릴 때까지 사랑을 유보하지는 않는가? 당연히 사랑해야 할 사람임에도 마음이 가지 않는다고 변명하면서 시간을 보내지는 않는가? 당신의 경험을 나누어 보자.

_____

_____

_____

9 다음 글을 읽고 느낀 점을 말해 보자.

❂ ❂ ❂

우리는 느낌이 없어도 사랑해야 한다. 느낌이 생기지 않더라도 사랑해야 한다는 생각을 항상 품고 살아야 한다. 이런 생각은 우리의 태도를 변화시키며 태도는 행동으로 옮겨지게 된다. 사랑해야겠다는 마음의 태도가 실제로 사랑하는 행동으로 이어지는 것이다.

어떤 사람이 이런 말을 했다. "사랑이란 돌과 같이 한 곳에 가만히 있는 것이 아니다. 빵과 같이 항상 만들고 또 만들고 새롭게 만들어야 하는 것이다." 옳은 말이다. '사랑해야지'라는 생각을 반죽해서 태도를 만들고 그것으로 행동이라는 빵을 구워 내야 하는 것이다. 그러면 좋은 감정, 사랑하는 느낌이 따라올 수 있다.

칸트는 "너는 할 수 있다. 왜냐하면 꼭 해야 하니까"라고 말했다. 이 또한 옳은 말이다. 우리는 생명을 걸고 하는 일이라면 꼭 해내고야 만다. 이웃을 나 자신처럼 사랑하라는 것은 하나님의 자녀라면 반드시 실천해야 할 의무다. '어떤 희생을 치르더라도 이웃을 사랑해야 해. 그것이 내가 진 빚이야. 꼭 사랑해야 해'라고 결심하면 그것이 사랑하는 태도를 낳는다. 그러면 결국은 사랑하게 된다. 감정은 문제가 되지 않는다. 꼭 해야겠다는 의지가 필요하다. 이것이 빚진 자의 태도다. 빚을 반드시 갚겠다고 결단하기만 하면 평생을 두고 갚을 수 있다. 마찬가지로, 사랑을 꼭 갚아야 할 빚이라고 생각하는 사람은 결국에는 이웃을 사랑하게 된다.

 삶의 열매를 거두며

아직도 사랑할 수 없어 마음의 짐을 안고 사는 사람들이 있다면 그 이름을 적어 보자. 그리고 어떻게 사랑을 실천해야 할지 하나님께 묻고 얻은 답을 적어 보라.

Lesson 42

단정하게 생활하라

로마서 13:11-14

마음의 문을 열며

성령을 모신 사람은 2천 년 전에 살던 사람이나 오늘을 사는 우리에게나 닮은 점이 하나 있다. 그것은 '예수님께서 오실 날이 멀지 않았다' 라는 종말 의식을 가지고 산다는 것이다. 다른 표현을 빌리자면 위기의식을 갖고 산다는 뜻이다. 그 이유는 그들이나 우리가 똑같이 성령의 사람이기 때문이다. 성령은 어느 시대를 막론하고 성도들의 마음에 '마지막이 가까웠구나. 준비해야겠구나' 라는 위기의식을 심어 주신다. 본문을 보면 바울 역시 독특한 위기의식을 가졌다는 것을 알 수 있다. 우리는 어떤가? 깨어 있는가? 졸고 있는가? 졸고 있다면 이 시간 성령께서 말씀의 확성기로 우리를 깨우시도록 기도하라.

말씀의 씨를 뿌리며

----

1 하나님은 역사의 종말을 정해 놓고 계신다. 그것은 자명종 시계에 맞추어 놓은 시각과 같다. 그래서 성령의 사람은 영적 본능으로 그 사실을 느낀다. 바울은 이것을 무슨 말로 기정사실처럼 이야기하는가?(11절, 참고 / 마 24:32-34)

----

2 "구원이 처음 믿을 때보다 가까웠음이라"는 말씀의 의미를 설명해 보라 (참고 / 눅 21:27-33; 요일 3:2).

----

3 예수님은 마지막 때에 깨어 있어야 한다고 자주 말씀하셨다. 마지막 순간이 언제인지 알지 못하기 때문이다. 누군가를 만나기로 했는데 약속한 시간을 잘 몰라 미리 서둘러 준비한 적이 있는가? 그런 경우 당신의 행동에서 두드러지게 나타나는 차이점은 무엇인가?

----

4 12절에서는 우리가 처한 상황과 취해야 할 태도를 비유적으로 말씀한다. 밤과 낮은 무엇을 가리키며, 잠옷과 갑옷은 무엇을 가리키는가?(참고 / 눅 22:53; 엡 6:13-17; 벧전 2:9)

_____

_____

_____

5 밤에 생활하는 자들한테서 볼 수 있는 모습은 어떤 것인가?(13절)

_____

_____

_____

6 다음 글을 읽고 말세를 사는 현대인의 인간상이 얼마나 정확하게 묘사되었는지 살펴보자. 혹시 당신에게도 밤을 즐기는 사람한테서 발견할 수 있는 흔적이 남아 있지는 않는가?

❀ ❀ ❀

그들은 '음란하다'고 했다. 음란은 원어로 '코이테'라고 하는데, 이것은 침대를 말한다. 침대와 음란은 무슨 상관이 있는가? 금지된 침상을 향한 그릇된 욕망은 무슨 짓이든 개의치 않고 악을 저지르게 한다. 서로 눈만 맞으면 "좋다. 무슨 짓이든지 하자"는 식이다. 이것이 음란이며 오늘날 현대인들이 쉽게 빠져들어 가는 무서운 악이다. 또한 그들은 '호색한다'고 했다. 호색은 얼굴에 철판을 깐 파렴치를 말한다. 아무리 고약한 짓을 해도 부끄러워할 줄 모른다. 자신의 잘못을 감추려고 하지 않고 오히려 보란 듯이 죄를 짓는다. 이것이 호색이다. 또한 그들은 '다툰다'라고 했다. 이것은 악한 경쟁심으로 언제나 자기만을 내세우는 이기주의를 말한다. 남을 짓밟고서라도 자기만 잘살겠다는 무서운 욕망, 이것이 다투는 것이다. 또 그들은 '시기한다' 라고 했다. 자기에게 없는 것이면 무엇이나 탐하고 비판하는 고약한 마음이 시기다.

---

7 어떻게 사는 것이 마지막 때를 준비하는 삶인가? 13절을 한마디로 무엇이라고 말할 수 있는가?(참고 / 눅 12:35)

---

8 14절의 '단정히'는 '예수 그리스도로 옷 입고' 라는 말로 대신할 수 있다. 다음 설명을 읽고 당신은 어떤지 말해 보라.

❀ ❀ ❀

'단정'이란 무슨 뜻인가? 사전적인 뜻은 얌전하고 바른 것을 말한다. '품행이 단정하다' 는 말이 있다. 그러면 벌써 무슨 뜻인지 감이 오지 않는가? '단정히 앉아 있다' 는 말도 있다. 흐트러짐 없는 자세를 뜻한다. 그리고 좀 더 우리에게 와 닿는 표현을 붙인다면 '~답다' 라는 말을 쓸 수 있다. "예수 믿는 사람답다", "주님 오실 날을 기다리는 사람답다." 이것이 단정하게 사는 사람의 모습이다. 다시 말해 말세를 의식하며 사는 성령의 사람은 주님의 재림을 기다리는 사람답게 살아야 한다는 것이다.

---

9 한 가지 주의해야 할 일이 있다. 말세를 대비한다는 것을 일상생활을 모두 포기하고 현실을 도피하며 살아야 하는 것으로 잘못 받아들이는 사람이 있다. 당신이 아는 사례가 있으면 서로 나누고 왜 그런 태도가 잘못되었는지 생각해 보자.

_____

_____

_____

 삶의 열매를 거두며
- -

당신의 생활을 돌아보라. 점점 가까이 다가오는 구원을 기다리는 사람답게 살기 위해 지금 당장 결심하고 순종해야 할 것이 있다면 무엇인가?

교회 안에서 왜 분쟁이 일어나는가?

로마서 14:1-4

 마음의 문을 열며

교회를 일컬어 그리스도의 몸이라고 말한다. 거룩한 하나님의 자녀들이 예수님 몸의 지체가 되어 아름다운 영적 공동체를 이룬 것이 교회다. 그런데 교회 안에서 가끔 일어나는 심각한 문제가 있는데, 바로 내적인 분열이다. 다시 말해 성도 간에 분쟁이 일어나는 것이다. 교회 안에서 서로 의견이 대립되어 편이 갈리고 나중에는 교회가 여러 개로 나뉘기도 한다.

한국 교회사를 연구한 어느 학자는 한국 교회의 역사를 교회 분열사라고 표현했다. 얼마나 수치스러운 일인가. 오늘날에도 많은 교회가 성도 간의 보이지 않은 알력과 분쟁으로 고생하는 중이다. 교회에서 만나면 겉으로는 서로 웃으며 인사하지만 마음은 돌아서 있다. 우리 교회는 어떤지 정직하게 돌아보자.

1 교회 안에는 믿음이 약한 자들이 있다. 그들의 특징은 무엇인가?(1절)

_____

_____

_____

2 당시에 로마 교회는 유대인 신자와 이방인 신자가 함께 모여 있었다. 유대인 신자는 예수님을 믿어도 율법을 지켜야 한다고 생각했다. 반면에 이방인 신자는 예수님 때문에 율법의 굴레로부터 벗어났다고 믿었다. 이렇게 서로 다른 견해를 가진 두 그룹이 한 교회를 섬기고 있었기에 크고 작은 문제가 발생할 수밖에 없었다. 특히 로마 교회를 하나 되지 못하게 한 실제적인 문제가 있었다. 그것은 무엇인가?(2-3절)

_____

_____

_____

3 율법에서 규정한 먹고 마시는 문제를 어떻게 바라볼지 다음의 구절들을 살펴보라.
   • 레위기 11:1-8

_____

   • 골로새서 2:16-17

_____

4 바울은 음식을 먹고 마시는 문제를 죄와 연관시키지 않았다. 대신에 무엇과 연관된 것으로 보았는가?(1-2절)

_____

_____

_____

5 다음 글을 읽고 요점을 정리하여 자신의 생각을 말해 보자(참고 / 롬 3:28; 갈 4:5, 5:1).

❁ ❁ ❁

과거의 습관을 버리지 못하는 유대인들의 믿음은 약하다고 말할 수 있다. 그들은 무엇을 지키는가 지키지 않는가가 믿음보다 앞선다고 생각했다. 즉 믿음과 행위의 차이를 선명하게 깨닫지 못하는 사람의 믿음은 약다. 예수님이 자기들 손에 들려 준 자유도 불안해서 잘 누리지 못하고 하나님과의 관계를 놓고도 은혜로 풀지 못하고 자기 노력으로 풀려고 하기 때문에 믿음이 약한 것이다. 하나님이 자기를 위해 하신 일보다 자신이 하나님을 위해 한 일을 앞세웠기 때문에 그 믿음이 약한 것이다.

그러나 이와는 정반대로 옛날의 규례, 법규, 전통, 습관에서 벗어나 자유로울 수 있는 사람의 믿음은 강하다. 비록 오래된 전통이라 할지라도, 또 나쁘지 않은 종교 행위라 할지라도 그것이 불필요한 것이면 과감하게 벗어던지고 오직 예수만 높이는 자들, 고기를 먹었다고 해서 가책을 받는 것도 없고, 안식일을 지키지 않으면 지옥에 가지 않을까 불안해하지도 않고 자유롭게 신앙생활을 하기는 자들, 그들의 믿음은 분명 강하다.

_____

_____

_____

6 교회에 나오면서도 가끔 술을 마시거나 담배를 끊지 못하는 사람들을 어떻게 생각하는가? 그들을 판단하는 근거가 무엇인가? 성경인가, 누군가의 가르침인가, 아니면 관습적인 견해인가?

_____

_____

_____

7 우리는 자칫 잘못하면 죄나 진리의 문제가 아닌 부수적인 것이나 애매한 사안으로 교회 안에서 서로 정죄하고 분쟁을 벌이기 쉽다. 당신이 경험한 사건이 있다면 이야기해 보라.

_____

_____

_____

8 모든 사람의 믿음은 똑같지 않다. 그러므로 믿음이 강하거나 약해서 생기는 문제가 있다면 어떤 자세로 풀어야 하는가?(3절)

_____

_____

_____

9 교회 안에서 우리와 다르게 생각하거나 행동하는 사람을 무시하거나 함부로 판단해선 안 되는 이유가 무엇인가?(3-4절)

_____

_____

삶의 열매를 거두며

이 시간에 배운 말씀을 근거로 교회의 하나 됨과 평안을 위해 당신이 서둘러 실천해야겠다고 생각되는 것이 있으면 말해 보라.

Lesson **44**

형제를 판단하지 않으려면

로마서 14:5-12

 마음의 문을 열며

하나님의 자녀에게는 좋은 교회에서 기쁘게 신앙생활을 하는 것보다 더 큰 행복이 없다. 이 점은 누구나 공감할 것이다. 좋은 교회는 그 교회에 몸담고 있는 사람들이 만들어 간다. 따라서 우리는 좋은 교회를 찾아다니는 것이 아니라 좋은 교회를 우리 스스로 만들어야 하는 것이다. 좋은 교회를 만들려면 형제끼리 한마음이 되어 서로 사랑하고 섬겨야 한다. 서로 다투고 반목하는 교회는 절대 좋은 교회가 될 수 없다. 아무리 설교가 좋아도, 아무리 건물이 아름다워도, 아무리 전통이 오래되었어도 사랑으로 하나 되지 못하면 절대 좋은 교회가 될 수 없다.

좋은 교회를 만들려면 믿음이 강한 자나 약한 자나 마음을 열고 서로를 받아들여야 한다. 그리고 함부로 다른 형제를 비판해서는 안 된다. '진리인가, 비진리인가' 라는 본질적인 문제가 아니라면, 서로 불쌍히 여기고 포용해야 한다. 견해가 다르다는 이유로 갈등을 빚어서는 안 된다. 이것이 좋은 교회를 만드는 조건이요, 좋은 교회에서 기쁘게 신앙생활을 할 수 있는 지름길이다.

말씀의 씨를 뿌리며

1 로마 교회에서는 유대교 신자와 이방인 신자가 함께 신앙생활을 하고
있었다. 그러다 보니 시끄러울 때가 많았다. 쉽게 상대방을 비판하고 헐
뜯는 풍토가 있었다. 사도 바울은 이 문제에 어떤 태도를 보였는가? 그
는 놀랍게도 어느 한쪽의 입장을 두둔하지 않았다. 언뜻 생각해 보면 믿
음이 강한 자들의 편을 들 것도 같은데 그는 그렇게 하지 않았다. 서로
비판하고 헐뜯는 사이라면 어느 편도 잘했다고 볼 수 없다. 양쪽에 다
잘못이 있다. 이를 통해 어떤 교훈을 얻을 수 있는가?(5절)

_____

_____

2 '각각 자기 마음으로 확정하라' 는 말의 의미는 무엇인가? '확정하다'
는 말은 원어로 '완전하게 채운다' 는 뜻이다(참고 / 롬 14:23).

_____

_____

3 어떤 일에 대해 어떻게 행동해야 할지 명확한 해답을 성경에서 찾을 수
없는 경우가 있다. 이럴 때는 각자의 신앙 정도에 따라 소신껏 결정할
수 있다는 사실을 알아야 한다. 생활 속에서 당신이 경험하는 몇 가지
예를 들어 보자.

_____

_____

_____

4 그렇다고 각자 소신껏 행하는 것이 무조건 옳다고 말할 수는 없다. 자신이 내린 판단이 옳은지 분별하는 데는 중요한 원칙이 몇 가지 있다. 우선 6-8절을 놓고 반복해서 나오는 말이 무엇인지 찾아보자. 그리고 그 의미를 생각해 보자.

---

5 무엇을 하든지 주를 위하여 해야 하는 이유가 무엇인가?(참고 / 8-9절, 고후 5:15; 갈 2:20)

---

6 당신은 과연 작은 일이나 큰일이나 '주를 위하여' 라는 순수한 동기로 행동하는 사람인지 한번 생각해 보자.

---

7 현대 교인들은 주일을 거룩히 지키는 원리를 '주를 위하여' 라는 원리가 아닌 '지금이 어떤 세상인데' 라는 지극히 세속적인 원리에 두고 행동하는 경우가 많다. 다음 이야기를 읽고 당신이 어떤 사람인지 생각해 보자.

❀ ❀ ❀

주일은 그날이 중요한 것이 아니라 그날의 주인 되신 예수님이 중요한 것이다. 주일 성수의 대원리는 '주를 위하여' 다. 그러므로 우리 예수님께 영광을 돌리기 위하여 주일을 어떻게 보낼까 하는 것은 신앙생활을 하는 사람이라면 반드시 생각해야 할 문제다. '주를 위하여'란 명제만 같다면 교인들 사이에서 주일을 지키는 양식의 차이는 크지 않을 것이다.

사랑의교회 주변에 있는 상가에는 주일 예배를 마친 다음 교인들이 대거 쇼핑을 하러 온다고 한다. 무엇을 사고파는지 잘 모르지만 하여튼 대단한가 보다. 심지어 어느 음식점 주인은 "예수를 믿고 싶어도 사랑의교회 손님 받는 일이 너무 바빠서 믿을 수가 없어요"라고 말한다. 주일에 이것은 사도 좋고, 저것은 사면 안 된다는 식으로 선을 그어 말하고 싶지는 않다. 돈을 주고 거래하는 것이 전부 나쁘다고 말할 수는 없다. 획일적으로 말할 만한 근거를 성경에서 찾을 수 없기 때문이다. 우리가 주일을 바로 지키고 있는지, 아닌지를 판단할 수 있는 원칙은 하나다. 바로 '주를 위하여'다. 이 원칙에 근거하여 주일을 바로 지키는 사람인지 아닌지를 가릴 수 있다는 말이다. 가령 한 가지 예를 들어 보겠다.

어떤 자매가 추위를 잘 타는 남편을 위해 따뜻한 스웨터를 하나 사야겠다고 마음먹었다. 그런데 너무 바빠서 평일에 사지 못하다가 주일에 시간적 여유가 좀 있어 예배를 마치고 돌아가는 길에 사야겠다고 생각했다. 이렇게 되면 그 자매에게는 예배 드리려고 교회에 들어올 때부터 스웨터 사는 것이 중요한 과제가 되어 버린다. 앞자리에 앉으면 나갈 때 시간이 너무 지체되니까 일부러 뒷자리에 앉는다. 찬송을 부를 때나 기도할 때나 마음 한구석에 스웨터가 자리 잡고 있다. 무슨 색상을 선택할까 생각하다가 옆에 앉아 있는 남성의 스웨터를 슬쩍 훔쳐보기도 한다. 어느 가게에 가면 좀 싸게 살까 생각한다. 결국 이런저런 잡념이 끼어들면 진지하게 예배를 드리지 못한다. 지금 스웨터를 사는 것이 죄냐, 아니냐를 말하려는 것이 아니다. 그 자매가 과연 주를 위하여 바로 판단하고 행동한 것이냐, 아니냐를 말하려는 것이다.

8 10-12절에서는 무엇을 교훈하고 있는가?

_____

_____

_____

9 하나님의 심판대는 다른 형제의 일을 가지고 나아가는 자리가 아니다.
하나님은 심판대 앞에서 우리 자신의 일을 물으신다. "너, 누구누구를
어떻게 생각하느냐?"라고 물으시지 않는다. 믿는 사람은 무슨 행동을
했든 결국 각자 하나님 앞에서 심판을 받아야 한다. 그러므로 우리는 남
의 일에 관해 떠들거나, 다른 형제를 판단해서는 안 된다. 다른 형제가
정말 주를 위하여 그렇게 하는 것인지, 안 하는 것인지 함부로 판단해선
안 된다. 판단하실 이는 주님밖에 없다. 결국 주님이 판단하신다. 혹시
지금 이 시간에 당신 자신의 잣대로 누군가를 비판하고 있지는 않는가?

_____

_____

_____

삶의 열매를 거두며

다음 글을 읽고 각자 느낀 점을 말해 보라. 그리고 함께 기도하자.

✿ ✿ ✿

성경에서 직접 답을 얻을 수 없는 모호한 문제에 대해서는 각자가 신앙적 결정을 내릴 수 있는 자유가 있다. 우리는 이 사실을 분명히 인정하고 서로 인격을 존중해 주어야 한다. 형제를 함부로 비판해선 안 된다. 그에게는 '주를 위하여'라는 원칙에 따라 무엇이든 소신껏 결정할 수 있는 자유가 있다. 그가 올바른 결정을 내렸는지 마지막 때에 주님이 판단하실 것이다.

그러므로 아무리 작은 문제라도 어떻게 해야 좋은지 생각할 때 '주를 위하여'를 앞세우기 바란다. 그렇게 해서 예수님이 기뻐하실 거라는 확신이 들면 힘들어도 실천하기 바란다. 많은 사람이 힘들어 피하는 일이라도 기쁘게 할 수 있기를 바란다. 또 예수님이 기뻐하시지 않을지도 모른다는 생각이 들면 아무리 좋은 일이라도, 아무리 하고 싶은 일이라도 피해야 한다. 그리고 일단 자신이 내린 결정에 대해서는 책임을 회피하지 말아야 한다. 우리의 모든 행위가 주님의 심판대 앞에 분명히 드러난다는 사실을 믿기 바란다. 그러면 주일 성수 문제나 술 담배 문제, 그 밖에 이 세상을 살면서 판단하기 어려운 문제들도 은혜롭게 풀어 나갈 수 있으리라고 본다. 책임을 물으시는 하나님 앞에 부끄럽지 않은 결정을 내릴 수만 있다면 어느 쪽이든 좋다. 주님은 이 자유를 우리에게 주셨다. 이 같은 원칙이 우리의 신앙생활에 큰 도움이 되리라고 믿는다.

형제에게 거침돌이 되지 마라

로마서 14:13-23

 마음의 문을 열며

지난 시간에 우리는 주를 위하는 것이라면 각자 마음에 확정한 대로 행동할 수 있다고 배웠다. 그러나 솔직히 말해 우리는 '주를 위하여' 라는 아름다운 조건을 자기 좋은 대로 해석하는 잘못을 범하기도 한다. 남이 뭐라고 하든 자신이 좋은 대로 하는 개인주의가 '주를 위하여' 라는 천사의 옷을 입고 나타날 수 있다. 다른 사람에게 미칠 영향에는 관심도 없이 혼자 잘난 것처럼 떠드는 독선이 '주를 위하여' 라는 말 속에 자리 잡을 수 있다. 그리고 우리는 무엇이나 속된 것이 없다는 성경 지식을 내세워 교만하게 행동하기도 한다. 주님이 주신 자유를 속박당하지 않겠다는 고집 때문에 다른 사람에게 큰 피해를 입히기도 한다. 이것이 바로 우리의 약점이다.

과연 '주를 위하여' 라는 명분을 내세워 우리 마음대로 하는 것이 바람직한 것인가? 그것이 신앙적인가? 그것을 사랑이라고 할 수 있는가? 이 시간 함께 성령의 지혜를 구하라.

----

1 교회 안에서는 '나' 라고 하는 일인칭 대명사를 써서는 안 된다고 말하는 사람이 있다. 즉 교회는 한 몸이기 때문에 교회 안에서는 항상 '우리' 라는 일인칭 복수 대명사를 써야 한다는 것이다. 13절을 보면 바울은 '내가' 라고 하지 않고 '우리가' 라는 말을 쓴다. 이 사실을 유의하면서 고린도전서 12장 12-13절을 쉬운 말로 다시 적어 보자.

_____

_____

2 교회 안에서 형제자매와 정상적인 관계를 유지하는 일은 하나님과 정상적인 관계를 유지하는 것 못지않게 중요하다. 우리 모두가 머리 되신 그리스도를 통해 하나님이 주시는 은혜의 선물을 공유하기 때문이다. 하나님의 은혜를 나 혼자 독점할 수는 없다. '네가 가진 것은 내가 가진 것이고 내가 누리는 것은 네가 누리는 것' 이 되는 곳이 바로 교회 공동체. 이 점에 대해 당신은 어떻게 생각하는가?

_____

_____

3 형제자매를 한 몸의 지체로 생각하는 사람은 교회 안에서 어떻게 처신해야 하는가?(13절)

_____

_____

61

4 음식이나 음료 같은 것은 그 자체가 속된 것(부정한 것)이 아니다. 하지만 그렇지 않은 경우도 있다. 어떤 경우인지 찾아보라(14, 20절).

_____

_____

_____

5 음식을 앞에 놓고 먹어야 할지 먹지 말아야 할지 고민하거나 근심하는 경우는 어느 때인가?(15, 21절, 참고 / 고전 8:9-13)

_____

_____

_____

6 당신은 지금 음주나 흡연을 하는가? 만약 한다면 그것 때문에 가책을 느끼거나 근심하는가? 왜 그런 느낌이 든다고 생각하는가?

_____

_____

_____

7 요즘에는 건강이나 기타 이유로 술이나 담배를 끊는 사람이 많다. 그러나 담배 피우는 자신을 보고 다른 형제들이 시험에 들까 봐 두려워 삼가는 사람은 많지 않은 것 같다. 당신은 어떤가? 혹시 당신은 술, 담배가 성경에서 죄가 안 된다는 점을 들어 남 앞에서 마시고 피우다가 다른 형제를 시험에 들게 한 일이 없는가?

_____

_____

8 술 마시는 것이 죄라고 규정한 성경 말씀은 없지만 우리가 술을 마실 수 없는 현실적 이유가 있다. 다음 자료를 보고 느낀 바를 말해 보자.

❀ ❀ ❀

사회학적인 상황을 들 수 있다. 우리 사회에서는 술을 악으로 보는 시각이 지배적이다. 사회에 만연해 있는 여러 가지 불의, 악행, 부정부패에 술이 끼어들지 않은 예가 없다고 해도 과언이 아니다. 술은 우리에게 득보다는 해를 더 많이 끼친다. 1985년 바바라 톰슨이 쓴 『한 잔 술로 죽어가다』를 보면 방화와 익사 사건의 80퍼센트, 폭력 사건의 60퍼센트, 자살 사건의 30퍼센트가 술 때문에 발생했다고 한다. 알코올중독자가 되면 그 사람의 인격은 파괴되고 만다. 잘못된 음주벽 때문에 가정이 깨어질 뿐만 아니라 많은 생명이 위협을 당한 사례가 너무 많다.

자랑스럽게도(?) 우리 대한민국은 음주량만큼은 세계 최고 수준이다. 세계보건기구인 WHO가 전 세계 15세 이상의 음주량을 조사한 자료에 따르면 2003~2005년 한국인의 일인당 연평균 음주량은 9.3ℓ로, 세계 평균 주량(6.1ℓ)를 훌쩍 넘는 것으로 나타났다고 한다. 이는 한 사람이 1주일에 소주 2병을 마시는 것과 같은 음주량이다. 얼마나 술을 많이 마시고 있는지 모른다. 이 술 때문에 우리나라에서도 얼마나 많은 사건과 사고들이 일어나는가? 그래서 기독교와 상관없이 양식있는 지성인들이라면 술은 무조건 끊는 것이 좋다고 생각하는 것이다.

9 다음 글을 읽고 17절 말씀을 묵상하라. 그리고 외우도록 하라.

❀ ❀ ❀

올바른 신앙생활을 하려면 다른 지체를 먼저 생각하고, 자기가 하고 싶은 것도 자제해야 한다. 흔히들 하고 싶은 것을 자제하라고 하면 고통스럽고 무엇이나 마음대로 할 수 있다면 행복하다고 말한다. 정말 그럴까? 17절을 주목하여 읽어 보라. 먹고 싶은 대로 먹는다고 천국이 마음에 임하는 것이 아니라는 뜻이다. 마음의 평안과 기쁨을 주는 천국은 그런 데 있지 않다. 그러면 어디에 있는가? 성령 안에서 행하는 자의 심령에 있다. 의와 평강과 희락이 넘치는 심령에 있다.

의(義)라고 하는 것은 하나님과 사람 사이에서 최상의 의로운 관계를 이루는 법칙이다. 인간관계의 법칙이요, 하나님 나라 관계의 법칙이다. 평화는 하나님과 사람 사이에서 맺는, 최상의 의로운 관계를 유지하는 형태다. 기쁨은 하나님과 사람 사이에서 최상의 의로운 관계를 통해 체험되는 열매다. 의로운 관계를 유지함으로써 기쁨을 체험할 수 있다는 말이다.

그러면 하나님과 우리 사이를 한번 생각해 보자. 하나님 앞에서 뭔가 가책을 받을 만한 짓을 한다면 의롭게 행하는 삶이 될 수 없다. 마음에 가책이 오면 평화가 사라진다. 마음에 평화가 사라지면 기쁨이 없다. 이것이 하나님과 우리의 관계다.

그러므로 의와 화평과 기쁨이 충만한 천국의 행복을 우리 마음에 소유하고 살려면 하나님과의 관계를 바로 세워야 한다. 또한 형제자매와의 관계도 바로 세워야 한다. 지체에게 거리끼는 행동을 한다면 당연히 실망할 것이다. 지체에게 사랑으로 행하지 않아서 거치는 돌이 되면 마음에 가책이 생긴다. 그러면 그 지체와 나 사이는 굉장히 어렵고 불편한 관계가 된다. 따라서 내 마음에 평화가 사라진다. 마찬가지로 평화가 사라지면 기쁨도 없어진다.

삶의 열매를 거두며

당신이 자유롭게 할 수 있음에도 다른 형제자매의 신앙 양심과 유익을 위해
자제하는 것이 있다면 무엇인지 이야기해 보라.

연약한 자의 약점을 담당하라

로마서 15:1-13

 마음의 문을 열며

교회 안에는 믿음이 강한 자와 약한 자가 있게 마련이다. 믿음이 강한 자들만 모인 교회는 이 세상에 없다. 그러면 무엇을 보고 믿음의 강약을 평가하는가? 교회를 얼마나 열심히 다니느냐, 기도 생활에 얼마나 힘을 쏟느냐, 하나님 나라를 위해 얼마나 시간과 물질을 헌신하느냐로 믿음의 정도를 측량할 수 있다. 이것은 신앙을 평가하는 중요한 기준이 되기도 한다.

그러나 로마서 14장과 15절에서는 전혀 다른 기준을 제시한다. 교회 안에서 인간관계를 얼마나 성숙하게 잘 맺고 있느냐로 믿음의 정도를 판단해야 한다는 것이다. 다시 말해 "교회 안에서 약한 형제를 얼마나 잘 돌보며 감싸 주는가?"를 보고 그 사람의 믿음이 강한지 약한지를 판단하는 것이다. 특히 흠이 많고 실수를 잘하는 형제를 대하는 태도를 보고 믿음의 강약을 진단할 수 있다. 이런 면에서 우리의 믿음은 어느 수준인지 함께 점검하는 시간이 되기를 바란다.

말씀의 씨를 뿌리며

1 바울은 자신을 믿음이 강한 자 중에 포함시킨다. 무엇을 보고 이것을 알수 있는가? 어떤 이유로 자신이 믿음이 강한 자임을 자부하는가?(1절, 참고 / 고후 11:28-29)

_____

_____

_____

2 약한 자를 돕기 위해 무슨 일을 해야 하는가?(1~2절, 참고/ 사 53:4~6)

_____

_____

_____

3 다른 지체의 약함을 대신 짊어지기 위해서는 목적의식이 뚜렷해야 한다. 그러면 어떤 목적을 가져야 하는지 성경말씀을 보기 바란다. "우리각 사람이 이웃을 기쁘게 하되 선을 이루고 덕을 세우도록 할지니라"(2절). 선을 이룬다는 말은 유익이 되게 한다는 말이다. 즉, 약한 지체에게 도움을 주는 것을 의미한다. 덕을 세운다는 것은 건물을 세우듯 서로 붙들어 세워 주는 것을 말한다. 즉, 지체의 믿음을 키워 주고 지체의 약한점을 강하게 해 주는 것을 의미한다. 당신은 이런 목적의식이 있는가?(참고 / 고전 10:32-33)

_____

_____

4 예수님은 우리에게 어떤 모범을 보이셨는가?(3절, 참고 / 눅 22:27; 빌 2:5-7)

_____

_____

_____

5 우리가 주님을 닮아 가는 인격을 가졌다는 것은 다른 지체와의 인간관계를 보고 알 수 있다. 형제의 짐을 함께 지고 기뻐하면서 나갈 수 있다면 그 사람은 그리스도를 닮아 가는 사람이라고 말할 수 있다. 다음 이야기를 읽고 느낀 바를 나누어 보자.

❀ ❀ ❀

조나단 에드워즈는 미국이 낳은 저명한 신학자요, 설교자요, 목사였다. 그는 지금으로부터 300년 전에 살았던 인물이다. 다음은 그가 프린스턴 신학교 교장으로 있을 때의 이야기다.

그에게는 딸이 한 명 있었다. 결혼 적령기에 들어선 그 딸을 바라보는 아버지의 마음은 늘 무겁기만 했다. 딸의 성격이 몹시 날카롭고 괴팍해서 결혼 생활을 제대로 할 수 있을지 염려되었기 때문이다. 그런데 하루는 멋진 청년이 그의 집을 찾아왔다. 그 청년은 목사님의 딸에게 청혼했다. 그 순간 마음이 얼마나 기뻤겠는가! 그러나 목사님은 곧 냉정을 되찾고 청년에게 이렇게 말했다.

"나는 내 딸의 아버지로서 이 청혼을 받아들일 수 없네. 결혼을 포기하게나. 자네가 내 딸을 잘 몰라서 그런 걸세."

"제가 따님을 사랑한다는데 왜 그러십니까?"

그 청년은 쉽게 물러날 기색이 아니었다.

"글쎄 내 딸을 사랑하지 않는 게 좋을 걸세."

"따님도 저를 사랑하는데 왜 그러세요?"

"내 딸과 자네는 자격이 잘 맞지 않는 것 같네."

"무슨 자격 말입니까? 저도 예수님을 믿습니다. 그 이상의 자격이 또 필요합니까?"

"이봐, 젊은이, 고집 부리지 말게나. 내 딸 같은 사람과 평생 동거할 수 있는 자가 있다면 하나님밖에 없을 걸세. 그런데 자네가 하나님이라도 된단 말인가?"

이 에피소드는 우리에게 중요한 진리 하나를 가르쳐 준다. 약한 지체를 받아 주려면 나 자신이 하나님이 되어야 한다는 것이다.

_____

_____

_____

6 어떻게 하면 대인관계에서 예수님을 닮는 수준에까지 이를 수 있는지는 4절을 보면 알 수 있다. 그렇다면 왜 3절에서 먼저 예수 그리스도의 모범을 이야기한 후, 4절에서 성경의 교훈에 대해 말씀하고 있다고 생각하는가?(참고 / 딤후 3:16-17)

_____

_____

_____

7 당신은 성경의 진리를 많이 배울수록 다른 형제를 대하는 자세가 점점 달라지고 있는가? 만약 그렇다면 어떤 점에서 달라졌는지 예를 들 수 있는가?

_____

_____

_____

8 하나님이 우리 모두에게 바라시는 소원은 무엇인가?(5-6절)

_____

_____

9 7절의 말씀을 통해 각자 깨달은 바를 이야기해 보라. 그리고 자신이 이 말씀대로 순종하고 있는지 살펴보라.

_____

_____

 삶의 열매를 거두며
- -

하나님은 교회를 중심으로 세계가 하나 되기를 소원하고 계신다. 이를 위해 구약 시대에는 이스라엘을 택하시고 그들을 통해 열방이 하나님을 찬송하는 거룩한 백성이 되도록 하셨다(8-12절). 지금은 교회를 통해 전 세계 모든 민족이 하나님을 영화롭게 하는 날이 오기를 기다리고 계신다. 그러므로 먼저 교회 안에서 우리가 하나 되어야 한다.

교회 안에서 하나 됨을 방해하거나 깨뜨리는 자는 하나님의 사랑의 본질에 대적하는 사람이다. 교회 안에서 형제자매와의 화목을 깨뜨리는 자는 하나님의 구원 목적을 방해하는 사람이요, 하나님의 영광을 빼앗는 사람이다. 따라서 믿음이 강한 우리가 약한 자들과 하나 되기를 노력해야 한다. 그리고 이렇게 노력할 때 놀라운 은혜를 받을 수 있다. 그것이 무엇인가?(13절)

왜 전도는 은혜인가?

로마서 15:14-18

 마음의 문을 열며

로마서의 본론은 15장 13절에서 끝난다. 오늘 본문인 15장 14절부터 16장 마지막 절까지는 사도 바울이 개인적으로 하고 싶은 이야기를 기록해 놓은 것이다. 하지만 본론이 아닌 사적인 이야기라고 중요한 말씀이 없다고 생각해선 안 된다. 성령의 감동을 입어 하나님 말씀을 기록한 것이므로 사적이든 공적이든, 본론이든 결론이든 상관없이 이 모든 말씀에 귀를 기울여야 한다. 모든 것이 성령이 주시는 귀중한 진리를 담고 있다는 사실을 명심하고 본문을 살펴보자.

1 로마 교회의 세 가지 좋은 점은 무엇인가?(14절)

---

2 그럼에도 바울이 로마 교회에 편지를 쓰지 않을 수 없었던 이유는 무엇
인가?(15절, 참고 / 롬 1:11-12)

---

3 은혜를 받았다는 말은 첫째는 자신이 자격이 없다는 것을 전제하고, 둘
째는 자신에게 과분한 것을 공짜로 얻었다는 것을 뜻한다. 이것이 은혜
다. 그러면 바울이 하나님 앞에서 발견한 은혜는 무엇인가?

• 로마서 3:24

• 로마서 15:16

---

4 바울은 전도가 은혜라고 말한다. 전도가 은혜인 첫 번째 이유는 예수 그
리스도의 일꾼으로 부름 받았음을 의미하기 때문이다(16절). 바울에게
는 주인 되신 그리스도가 자기를 좋게 보시고 전도자로 불러 주셨다는
남다른 감격이 있었다. 당신도 이러한 감격이 있는가?

5 전도는 매우 중요하고 시급한 일이어서 성부, 성자, 성령 하나님이 협력해서 열심히 이루어 가신다. 16절 말씀을 갖고 정리해 보자.

6 다음 글을 읽고 느낀 바를 이야기해 보라.

✿ ✿ ✿

성삼위 하나님이 그렇게 중요하게 다루시는 것이라면 얼마나 가치 있는 일이겠는가! 중요한 일일수록 그 일을 맡은 자의 영광이 크다. 우리가 이 복음을 전하는 일꾼으로 부름 받은 것은 영광이요, 은혜가 아닐 수 없다. 나 같은 사람이 어떻게 그 귀한 일을 하게 되었는지 생각만 해도 가슴 뭉클해진다. 하나님이 나의 무엇을 보시고 이렇게 영광스러운 일을 맡겨 주셨는지 절로 눈물이 쏟아진다.

사도 바울은 평생 이 감격으로 살았다. 매를 맞을 때나 감옥에 갇혀 있을 때도 이 감격으로 눈물 흘리며 하나님을 찬양했다. 배가 고파서 웅크리고 있을 때도 이 감격에 젖어 눈물 흘리며 하나님을 찬양했다. "하나님이여, 하나님이여, 하나님이 그렇게 중요하게 다루시는 일을 나 같은 죄인에게 어떻게 맡기십니까? 굶어도 좋습니다. 매 맞아도 좋습니다. 죽어도 좋습니다. 하겠습니다. 이 생명을 바쳐 하겠습니다." 바울의 감격은 여기에 있었다(참고 / 고전 15:9-10; 딤전 1:12, 14).

7 전도가 은혜인 두 번째 이유는 하나님께 제사를 드리는 일이기 때문이다. 16절에서는 이 사실을 어떻게 말씀하는가?

_____

_____

_____

8 바울은 복음 전하는 것을 하나님께 제사 드리는 일로 보았다. 여기에는 중요한 의미가 담겨 있다. 원수지간이 되어 가까이할 수 없는 하나님과 사람 사이를 화해시키는 역할을 하는 자가 제사장이다. 복음 전하는 일은 하나님을 모르는 죄인을 하나님과 화목하도록 만드는 것이다. 이런 의미에서 우리는 모두 제사장이다. 베드로전서 2장 9절을 펴서 우리를 제사장 삼으신 목적을 다시 한 번 확인하도록 하자.

_____

_____

_____

9 전도가 은혜인 세 번째 이유는 성령의 능력을 가장 많이 자랑할 수 있는 자가 바로 복음을 전하는 사람이기 때문이다. 이 사실을 17-18절에서는 어떻게 말씀하는가?

_____

_____

_____

10 복음을 전하는 자가 성령의 능력을 자연스럽게 자랑하는 것은 전도 현장에서 그 능력을 체험할 수 있기 때문이다. 다음 성경구절에서 회심이 일어나는 자리에서 역사하는 성령의 능력을 확인해 보라.

• 고린도전서 2:4-5

• 마가복음 16:15-18

 삶의 열매를 거두며

복음을 전하라. 그러면 성령의 능력을 체험할 수 있다. 성령의 능력을 체험한 사람은 성령이 하신 일을 자랑하지 않고는 견디지 못한다. 성령의 능력을 자랑하는 사람은 하나님을 소리 높여 찬송한다. 따라서 전도만큼 우리를 성령 충만하게 하는 것은 없다. 어떻게 하면 전도를 더 잘할 수 있는지, 함께 계획을 세우고 기도하자.

복음을 편만하게 전하였노라

로마서 15:19-21

 마음의 문을 열며

오늘 본문 말씀에서는 바울이 놀라운 말 한마디를 던지고 있다. "그리하여 내가 예루살렘으로부터 두루 행하여 일루리곤까지 그리스도의 복음을 편만하게 전하였노라"(19절). '편만하게 전하였다'는 말은 가득 채웠다는 뜻이다. 어떻게 예루살렘에서 일루리곤까지 바울 혼자서 복음을 가득 채웠다고 말할 수 있었을까? 사실 예루살렘에서 일루리곤까지는 거리상으로 따져 보면 약 1,400마일이다. 킬로미터로 따지면 2,000킬로미터가 넘는다. 어떻게 바울 혼자서 그 넓은 지역에 복음이 들어가지 않은 곳이 없도록 했다는 것일까? 그러나 이는 사실이다. 우리는 모두 복음의 능력에 다시 한 번 감탄하지 않을 수 없다. 우리도 지금 살고 있는 지역 사회부터 시작해서 땅끝까지 복음으로 가득 채워야겠다는 꿈을 가져야 하지 않을까?

말씀의 씨를 뿌리며

----

1 성경을 보면 바울이 예루살렘에 가서 선교했다는 기록이 없다. 그럼에
도 바울은 자기가 예루살렘부터 복음을 가득 채웠다고 말한다. 사도행
전 22장 17-21절을 살펴보면서 그가 한 말의 진의를 생각해 보라.

_____

_____

2 일루리곤은 시금의 알바니아와 유고슬라비아 지역이다. 성경에는 바울
이 그 지역에 가서 선교했다는 기록이 없다. 그럼에도 그는 일루리곤까
지 복음을 가득 채웠다고 선언한다. 그 이유가 어디에 있는가? 바울의 선
교 전략은 군사 용어로 하면 고지 탈환 작전이라고 말할 수 있다. 즉 중요
한 도시에 복음을 전하면 자연스럽게 주변 지역으로 복음이 퍼져 나간다
는 전략이었다. 데살로니가전서 1장 8절을 통해 이 사실을 확인해 보자.

_____

_____

3 바울은 다음과 같이 또 놀라운 말 한마디를 던진다. "이제는 이 지방에
일할 곳이 없고"(23절). 이 얼마나 기막힌 말씀인가! 우리도 "이제는 우
리 동네에 복음 전할 곳이 없다"라고 말할 수 있으면 얼마나 좋을까! 목
사, 장로, 순장이 살고 있는 지역에 아직 예수님을 모르는 자가 많다는
것은 부끄러운 일이다. 당신의 이웃은 어떤가?

_____

_____

4 우리는 바울 한 사람의 역할이 얼마나 중요한지를 깨달았다. 하나님은 많은 사람을 통해 일하실 때가 있다. 하지만 하나님은 마음에 드는 한 사람을 통해 일하시는 것을 기뻐한다. 그러므로 '나 하나쯤은 전도 안 해도 괜찮아' 라는 생각은 절대 금물이다. 당신은 하나님 나라를 위해 해야 할 자신의 역할을 너무 과소평가하지는 않는가? 그리고 일하지 않는 자신을 변명하는 구실로 삼지는 않는가?

---

5 바울은 복음으로 도시를 공략하고 교인들은 지방을 공략해서 승리를 거두었다. 하지만 그의 선교가 성공한 것은 전략 때문만이 아니었다. 아무리 전략이 적중했다 할지라도 한 가지가 없었다면 쓸모없는 것이 되고 말았을 것이다. 그 한 가지가 무엇인가?(18~19절)

---

6 18절에서 바울이 언급한 능력을 우리도 모두 받았다고 말할 수 있는가? 만약 받지 않았다면 그 이유가 어디에 있는가?(참고 / 히 2:3-4)

---

7 우리가 성령의 능력에 대해 알아야 할 중요한 몇 가지 사실이 있다. 우선 표적과 기사만이 성령의 능력은 아니라는 점이다. 오히려 진짜 성령

의 능력은 복음을 전하는 자의 입에서 나오는 말에 있다. '예수'라고 하는 이름, 그것이 능력이다. '십자가'라고 하는 말, 그 안에 능력이 있다. '예수님이 부활하셨다'는 말, 그 안에 능력이 있다. 이 사실을 믿는가?(고전 2:4, 참고 / 행 1:8, 2:37-38)

---

8 성령의 능력은 우리의 약함이나 두려워하는 마음에 제한받지 않는다. 내가 약하기 때문에 성령의 능력도 약하다고 말할 수 있는가? 내가 마음이 불안하다고 성령이 떨고 있다고 말할 수 있는가? 아니다. 사도 바울과 같은 위대한 사도도 전도할 때마다 떨었다고 했다. 고린도전서 2장 3절을 보라(고전 2:3, 참고 / 고후 12:9). 당신은 자신 없어 떨면서 전도했는데 오히려 예상을 깨고 완고했던 사람이 회개하고 구원받는 경우를 경험한 적이 있는가?

---

9 다음 이야기를 읽고 느낀 바를 말해 보자.

❀ ❀ ❀

우리 교회에 전도를 많이 하는 성도들이 있는데, 나는 그들을 존경할 뿐 아니라 매우 자랑스럽게 생각한다. 그 가운데서 김 집사님 이야기를 하나 하겠다.

그는 중소기업을 운영하고 있다. 그는 전도 폭발 훈련을 받고 나서 1989년 처음으로 전도하기 위해 한 사람을 만났다. 당시 중앙정보부 부국장이라는 직함을 가진 소위 내로라하는 사람이었다. 그 부국장의 부인은 예수를 믿었다. 하지만 43세이던 부국장은 불신자로서 모든 면에 패기 만만하고 자신이 넘치는 사람이었다. 뿐만 아니라 대단히 논리적인 데다가 달변가이기도 했다. 그는 자기를 전도하려는 사람을 주눅 들게 만드는 데 특별한 은사(?)를 지닌 사람이었다. 김 집사님이 그를 처음 만나 복음을 전하려고 할 때 그는 '네가 뭔데 나에게 감히 전도를 하겠다고 하느냐? 나는 웬만한 유명한 목사들을 다 만나 봤다고. 그래도 나는 예수 를 믿지 않았어. 소용없는 일이야' 라는 태도를 보였다고 한다. 김 집사님은 자신이 없었지만 그래도 성령의 능력을 의지하며 한번 해보자 하고 마음을 강하게 먹었다. 그리고 그를 붙들고 자기가 전하는 이야기를 끝까지만 들어 달라고 사정했다. 그의 부인은 옆에 앉아 있다가 다른 방으로 피해 버렸다. 잘못하면 김 집사님이 호되게 망신당하는 꼴을 보게 될지 몰라 불안해서 피했는지도 모른다.

처음 김 집사님이 한 시간 반 동안 복음을 전할 때는 논쟁하는 투로, 할 수 없어서 들어 주는 투로, 억지로 듣는 것 같았다고 한다. 그러나 한 시간 반이 넘어가기 시작하자 드디어 표정이 진지해지고 듣는 자세가 달라졌다고 한다. 진지하게 듣고 있다는 낌새를 알아차린 부인이 남편 옆에 와서 같이 들었다. 이렇게 세 시간을 전도했다. 그런데 거의 끝날 때쯤 이상한 현상이 나타났다. 그 사람의 눈에도, 전하는 김 집사님의 눈에도 눈물이 흘러내렸다. 드디어 그가 예수 그리스도를 자신의 구주로 영접했던 것이다.

김 집사님이 전도 폭발 훈련을 받고 처음으로 복음을 전한 대상이 바로 그 사람이었다. 그러니 그 마음이 얼마나 불안했겠는가! 게다가 만만치 않은 상대였으니 얼마나 긴장하며 떨었겠는가! 그럼에도 절대 받아들이지 않을 것 같던 그 사람이 눈물을 흘리며 회개하고 돌아왔다. 그 능력은 어디서 왔는가? 김 집사님이 떠는 것하고는 관계가 없다. 김 집사님이 불안해하는 것하고는 관계가 없다. 그가 약한 것하고는 관계가 없다. 무조건 복음을 들고 나가는 자에게는 성령이 함께하신다. 그로부터 6개월

후 김 집사님이 우연히 로스앤젤레스에서 그 부국장을 만났다고 한다. 알고 보니 그 지역의 어느 교회에서 어떻게 해서 예수님을 믿게 되었는지 간증하고 있더란다. 이 얼마나 놀라운 일인가!

 삶의 열매를 거두며

조지 뮬러의 말이다. "우리의 연약함은 주 예수 그리스도의 능력이 나타날 기회가 됩니다. 연약함이 크면 클수록 그분은 자기의 힘을 나타내시려고 더 가까이 오십니다. 시험이 크면 클수록, 난관이 크면 클수록 주님의 도우심은 더 가까이 나타납니다."

이 시간 자신의 연약함에 대해 이야기해 보자. 복음을 전하려고 할 때마다 입을 다물게 하고 주저앉게 하는 당신의 약함은 무엇인가? 자신의 약함을 놓고 주님의 도우심을 기도하라. 그리고 주님을 의지하고 담대하게 전도해 보자.

Lesson 49

선교 비전, 땅끝까지

로마서 15:22-29

마음의 문을 열며

흔히들 기독교를 일컬어 비전의 종교라고 말한다. 예수님은 이 비전이 무엇인지 우리에게 구체적으로 명시해 주셨다. "오직 성령이 너희에게 임하시면 너희가 권능을 받고 예루살렘과 온 유대와 사마리아와 땅 끝까지 이르러 내 증인이 되리라"(행 1:8). 그러므로 믿는 자는 누구나 땅끝까지 복음을 전하겠다는 비전을 가져야 한다.

사도 바울은 이런 면에서 가장 모범을 보인 인물이었다. 처음 선교지로 향할 때 그는 소아시아를 하나님의 복음으로 가득 채우겠다는 꿈을 가졌다. 이 꿈을 실현하기 위해 그는 그 지역에서 20년 가까이 복음을 전했다. 그러나 그의 발걸음은 거기서 멈추지 않았다.

그는 로마까지 가려고 애썼다. "내가 거기 갔다가 후에 로마도 보아야 하리라"(행 19:21). 로마로 가는 길이 열린 뒤에도 그는 그것으로 만족하지 않았다. 이 세상 끝까지 복음을 들고 가기를 원했기 때문이다. 이 시간에는 그가 땅끝까지 복음을 전하겠다는 비전에 얼마나 강한 집념을 불태웠는지를 배우려고 한다. 성령이 우리 마음에도 같은 꿈을 주시기를 바란다.

82

말씀의 씨를 뿌리며

----

1 바울은 자기의 선교 비전을 어디에 그리고 어디까지 펼치기를 원했는가?
그리고 그 두 지역을 특별히 주목한 이유가 무엇인가?(22-24, 28절)

---

2 성경에 바울이 스페인으로 갔다고 하는 기록은 없다. 그가 스페인에 가
서 복음을 전했는지에 대해 학자들은 확실하게 결론을 내리지 못하고
있다. 바울은 선교 도중 로마에서 두 번이나 투옥되었다가 결국 순교를
당했다. 전설에 따르면 바울은 스페인에 가서 복음을 전하다가 영국까
지 건너갔다는 이야기가 있다. 그러나 그것은 어디까지나 전해지는 이
야기일 뿐이다. 중요한 것은 땅끝까지 복음을 전하겠다고 하는 비전이
일생 동안 그의 가슴속에 가득 차 있었다는 사실이다. 당신은 바울의 이
야기를 들으면서 '그와 나는 다르다'고 생각하지 않는가?

---

3 우리는 지역사회에 복음을 전하는 일에만 마음이 묶여 있어서는 안 된
다. 지역사회를 복음화시키는 이유는 그곳이 우리의 예루살렘이기 때
문이다. 그렇다면 우리는 그 다음 단계를 마음에 두고 비전을 가져야 한
다. 당신 또는 당신의 교회가 마음에 품은 로마나 스페인은 어디인가?

---

4 바울은 복음을 전하러 로마로 가려고 했지만 그 모든 계획을 뒤로 미루고 갑자기 예루살렘으로 갔다. 그 이유가 무엇인가?(25-26절, 참고 / 행 19:21; 고전 16:1-4)

_____

_____

_____

5 바울은 예루살렘에 있는 성도들이 굶주린다는 소식을 듣자 로마와 스페인 선교여행을 뒤로 미루고 예루살렘으로 갔다. 우리가 배워야 할 중요한 교훈이 여기 있다. 아무리 세계선교 비전이 대단하고 땅끝까지 복음을 전하는 것이 최우선의 일이라도 주변의 사람들을 무시하면서까지 그 일을 해서는 안 된다는 것이다. 우리는 이 원칙을 잘 지키고 있는가?

_____

_____

_____

6 27절을 깊이 묵상하라. '영적인 것'과 '육적인 것'은 무엇을 가리키는가? 그리고 영적인 것에 빚진 자가 육적인 것으로 섬기는 게 마땅하다고 한 말씀은 무슨 뜻인가?

_____

_____

_____

7 당신은 누구의 전도로 예수님을 믿게 되었는가? 누구의 도움으로 건강한 신앙생활을 하고 있는지 생각해 보라. 그리고 그들에게 진 영적인 빚을 갚기 위해 육적인 것으로 얼마나 감사를 표하고 있는지 반성해 보라.

_____

_____

_____

8 한국 교회는 특히 영국과 미국 교회에 많은 빚을 졌다. 이들에게 진 신령한 빚을 잊어서는 안 된다. 영국인 선교사 토머스는 대동강을 거슬러 올라간 지 얼마 되지 않아 강변에서 순교를 당했다. 미국에서 온 유명한 선교사 언더우드와 아펜젤러 덕분에 우리나라에 복음의 문이 본격적으로 열렸다. 그렇다면 우리도 이제 빚을 갚아야 하지 않을까? 그러면 어떻게 빚을 갚아야 할까? 당신은 이 일에 어떤 식으로 동참하고 있는가?

_____

_____

_____

9 다음 글을 읽고, 이에 대한 당신의 생각을 말해 보라.

❀ ❀ ❀

지난 2, 3백 년의 선교 역사를 돌이켜보면 시대마다 경제적으로 부유한 나라가 선교를 주도했다는 것을 알 수 있다. 19세기에는 영국이 세계선교를 주도했다. 그 이유가 무엇인가? 당시에는 영국이 최강국이었다. 그래서 전 세계에 선교사를 파송할 수 있었던 것이다. 가장 대표적인 선교사로 허드슨 테일러나 아프리카의 영웅 리빙스턴을 들 수 있다. 하나님은 선교를 맡은 나라에 경제적인 복을 주신다. 돈이 없으면 선교하기가 어렵기 때문이다. 20세기에 들어와서는 영국의 선교 바통을 미국이 이어받았다. 그리고 아직까지 미국이 선교 주도국의 위치를 지키고 있다. 가장 잘사는 나라여서 그런 것이다. 가난뱅이 나라는 선교를 하고 싶어도 할 수가 없다. 미국은 세계 인구의 5퍼센트밖에 되지 않는다. 그런데 지난 반세기 동안 세계 도처에서 생산되는 상품의 40퍼센트를 그들이 사용했다.

 ## 삶의 열매를 거두며

같은 돈이라고 동일한 가치를 가진 것은 아니다. 어떻게 쓰는가에 따라 그 가치는 달라진다. 가장 보람되게 돈을 쓰는 비결이 무엇인가? 그것은 바로 생명을 살리는 데 쓰는 것이다. 당신의 재물이 얼마나 가치 있게 사용되고 있는지 살펴보라.

Lesson **50**

긴급한 기도 요청

로마서 15:30-33

 마음의 문을 열며

이 시간에는 복음을 전하는 일과 그 일을 맡은 사역자들을 위해 합심해서 기도하는 것이 얼마나 절실한지 말씀을 통해 배우려고 한다. 땅끝까지 복음을 증거하기 위해 서는 반드시 기도가 뒤따라야 한다. 이 사실을 모르는 사람은 아마 한 명도 없을 것이다. 그러나 그 기도가 얼마나 분초를 다투는 절박한 문제인지 깊이 인식하고 있는 사람은 그리 많지 않다. 선교를 위한 기도의 절박성, 이것이 오늘 본문 말씀이 주는 귀중한 교훈이다.

말씀의 씨를 뿌리며
----

1 지금 사도 바울은 한 번도 대면한 일 없는 로마 교인들에게 기도해 달라고 요청하고 있다. 30절을 보라.

_____

_____

2 '권하노니'에는 매우 시급하고 간절한 의미를 담고 있다. "시간이 급합니다. 제발 기도해 주십시오"라는 메시지다. 그리고 '나와 힘을 같이하여'라는 구절에서도 바울이 긴급하게 기도 요청을 했다는 것을 알 수 있다. 당신은 선교사나 교회 지도자한테서 이 같은 긴급한 요청을 받은 적이 있는가? 그때 어떻게 기도해 주었는가?

_____

_____

3 바울이 이렇게 다급하게 기도를 요청하는 첫 번째 내용은 무엇인가? 그리고 이런 기도를 부탁한 배경이 무엇인가?(31절, 참고/ 행 20:22-24, 21:27-36)

_____

_____

4 지금도 세계 도처에서 선교사들의 생명을 위협하는 핍박이 많이 일어나고 있다. 그 사례를 아는 대로 말해 보라. 그리고 당신은 그들을 위해 어떻게 기도하는가?

5 바울이 요청한 두 번째 기도 제목은 무엇인가? 그리고 이런 기도를 요청한 이유가 무엇이라고 생각하는가?(31절)

6 바울이 긴급하게 요청하는 세 번째 기도는 무엇인가?(32절)

7 바울은 예루살렘에서 빨리 일을 마치고 홀가분한 마음으로 로마에 가서 교인들과 좋은 시간을 갖고 그들한테서 위로를 받으면서 몸도 푹 쉬기를 원했다. 이것은 그의 인간적인 소원이요, 바람이었다. 그러나 바울은 이러한 일이 '하나님의 뜻' 안에서 허락되도록 기도해 달라고 요청했다. 하나님의 뜻과 인간의 소원이 다를 때가 종종 있기 때문이다. 바울은 이 사실을 잘 알고 있었다. 결국 하나님의 뜻은 로마에 가서 쉬는 것이 아니었다. 사도행전 24장 27절을 보라. 그리고 서로의 생각을 나누어 보라.

8 이 시간 배운 말씀을 토대로 우리는 세 가지 중요한 교훈을 실천해야 한다. 첫째, 복음을 전하는 사역자들을 위해 바울이 요청한 세 가지 기도를 반드시 해야 한다. 위험으로부터 생명을 건져 달라고 하는 것, 그들이 책임지고 있는 사역을 성공적으로 마칠 수 있게 해 달라는 것, 또한 그들의 개인적인 소원을 들어 달라는 것 세 가지다. 둘째, 합심 중보기도가 지닌 엄청난 효력에 대해 바울처럼 확고부동한 믿음을 가져야 한다. 셋째, 복음을 전하는 일과 관계되는 기도일수록 힘과 정열을 쏟아 전투적인 기도를 해야 한다. 이제 남은 문제는 각자가 이 말씀대로 살아가는 것이다. 당신은 어떻게 실천하기를 원하는가?

_____

_____

_____

9 다음 이야기를 읽고 어떤 느낌이 드는가?

❀ ❀ ❀

사랑의교회가 후원하는 문모세 선교사님의 이야기다. 그는 회교 국가인 P국을 복음화시키겠다는 꿈을 안고 만반의 태세를 갖추고 그곳으로 가려고 했다. 그런데 비자를 받는 것이 문제였다. 그 나라는 선교사에게는 절대 비자를 내주지 않았다. 특별한 방법을 쓰지 않는 한 비자 받는 것이 거의 불가능했다. 그는 비자 받는 문제를 놓고 교회에 기도를 요청했다. 사랑의교회에는 특별히 문 선교사를 위해 기도해 주는 그룹이 있는데, 황모 집사 부부가 그의 기도 후원 담당자였다. 황 집사는 사랑의교회 여자 19교구와 58교구 다락방에 긴급히 연락해서 합심 기도를 요청했다. 그리고 새벽기도회에 나와서도 기도 제목으로 내놓았다. 모두가 문 선교사를 위해 열심으로 기도했다.

그런데 지난 9월 어느 날 문 선교사에게서 편지가 왔다. 그 편지에는 감동 어린 내용이 있었다. 문 선교사는 비자를 받으러 가는 날, 대사관으로 바로 들어가지 않고 여리고 성을 돌던 이스라엘 백성처럼 대사관 주변을 빙빙 돌면서 "하나님, 비자 좀 내주십시오"라고 기도했다고 한다. 이렇게 수십 번 기도하고 나서 대사관에 들어갔다. 그를 본 대사관 직원은 며칠 있다가 오라면서 거절했다. 그때 문 선교사는 물러서지 않고 즉시 발급해 달라고 간청했다. 이렇게 한참 밀고 당기다가 결국 오후에 다시 한 번 들르라는 대답을 들었다. 기도로 마음을 강하게 다지고 나서 오후에 다시 대사관에 갔더니 한마디 질문도 없이, 한 푼의 통행료도 받지 않고 일 년짜리 비자를 내주었다고 한다. 기적 같은 일이 일어난 것이다.

그곳 상황을 잘 모르니까 그까짓 비자 받는 것이 뭐 그리 어렵냐고 말할 수도 있겠지만 사실은 그렇지 않다. 뒤에서 열심히 기도해 준 수많은 동역자들 덕분에 그런 역사가 일어난 것이다. 합심 기도가 큰 역사를 일으킨 것이다.

 삶의 열매를 거두며
- -

당신이 정기적으로 기도하는 선교사들이나 교회 사역자들의 이름을 적어 보자. 그리고 앞으로 그들을 위해 어떻게 기도해야 할지 다시 한 번 결단하는 시간을 갖도록 하자.

위대한 평신도 동역자들

로마서 16:1-16

 마음의 문을 열며

오늘 본문에서는 바울의 인간미를 진하게 느낄 수 있다. 저자가 독자에게 전하는 훈훈한 사랑의 대화, 가슴 가득 넘치는 감사, 사랑하는 동역자들을 향한 그리움이 담겨있다. 이 마지막 장에는 예수 그리스도를 위해 살고, 예수 그리스도를 위해 죽겠다는 불타는 소명감으로 한평생을 살았던 사람들이 등장한다. 그들은 모두 세상 사람이 전혀 이해할 수 없는 독특한 삶을 살다가 하늘나라로 갔다.

오늘 본문은 그 위대한 인물들이 사도 바울을 빙 둘러싸고 활짝 웃고 있는 사진을 보는 느낌을 준다. 바울은 그들을 몹시 보고 싶어 했지만 모두 로마에 살고 있었기 때문에 당장 볼 수 없었다. 그래서 지금 안부를 전하고 있는 것이다. 얼마나 아름다운 성도의 교제인가!

----

1 사도 바울의 위대함은 평범한 사람을 발굴해서 복음화를 위해 생명을
바쳐 일할 탁월한 동역자로 만드는 데 있다. 1-16절에 등장하는 인물을
정리해 보라. 그중 여자는 몇 명이고, 무명의 사람은 몇 명인가?

_____

_____

2 바울은 안부를 전하는 영적 자녀들에게 재미있는 별명을 하나씩 붙여
부르고 있다. 그 별명이 어떤 것인지 있는 대로 찾아 보라. 이 사실이 우
리에게 주는 교훈은 무엇인지 생각해 보라.

_____

_____

_____

3 바울은 로마 교회에 뵈뵈를 추천한다. 어떤 학자는 바울이 쓴 로마서를
뵈뵈가 로마 교회에 전달했다고 한다. 그에 대해 우리가 주목해야 할 내
용이 몇 가지 있다. 1, 2절을 가지고 정리해 보라.

_____

_____

_____

4 브리스가와 아굴라 부부에 관한 글이다. 아래의 글을 읽고 이들 부부에
대해 정리해 보라(참고 / 행 18:1-3, 18-19; 고전 16:19).

❀ ❀ ❀

브리스가와 아굴라가 예수를 믿은 것은 바울을 만난 후의 일로 보인다. 그전에는 예수를 몰랐던 것 같다. 주후 52년에 글라우디오(Claudius) 황제는 반유대주의를 표방하여 유대인들을 로마에서 전부 쫓아내 버렸다. 그때 쫓겨난 브리스가와 아굴라 부부는 고린도를 찾아갔다. 그들은 고린도에서 천막 만드는 일을 했는데, 전문적으로 하는 일은 장막 제조업이었다. 그리고 그때 바울을 만났다.

바울을 통해 복음을 들은 그들은 완전히 딴 사람이 되었다. 그리스도의 제자가 되었을 뿐 아니라 획기적인 삶의 변화가 일어났다. 바울이 일 년 반 동안 고린도에서 복음을 전하고 교회를 개척할 때 그들은 바울을 그림자처럼 따라다니며 정성껏 도왔다. 그리고 바울과 사업을 같이했다. 사업을 같이한다는 것이 좀 이상하게 들리지만 바울과 함께 천막 만드는 일을 하며 한 지붕 밑에서 한 가족처럼 살았다는 말이다. 그러다가 바울이 장소를 옮겨 에베소로 선교를 떠날 때 이 부부도 사업을 전부 중단한 채 에베소까지 따라가 충성스러운 동역자가 되어 함께 일했다.

그리고 얼마 후 황제의 추방령이 해제되었을 때 이 부부는 로마로 돌아와서 자기들의 옛 집과 옛 직업을 되찾았다. 그러나 그들이 로마에서 평생을 보낸 것 같지는 않다. 디모데후서 4장 19절을 보면 다시 에베소로 돌아가서 거기에 거주했다는 내용이 나온다.

_____

_____

_____

_____

5 부인 이름을 남편 이름보다 먼저 쓴 것은 당시 상황으로 볼 때 파격적인 사건이 아닐 수 없다. 왜 바울은 고의적으로 순서를 바꾸었을까?(참고 / 행 18:18-19; 고전 16:19)

_____
_____
_____

6 요즘 가정과 교회에서 여성의 역할이 크게 달라지고 있다. 현재 한국 교회에서 여성을 만족스러울 정도로 대우한다고 보는가? 만약 그렇지 않다면 교회에서 여성의 지위와 역할이 어떠해야 한다고 생각하는가?

_____
_____
_____

7 바울은 브리스가와 아굴라 부부를 동역자라고 부른다. 이 말의 의미는 무엇인가? 그리고 그들이 동역자로 충성했다는 것을 무엇으로 증명할 수 있는가?(4-5절)

_____
_____
_____

8 당신은 동역자가 되기 위해 어떤 노력을 하고 있는가? 특별히 훈련받거나 사역하고 있는 것은 무엇이며, 이를 통해 받은 은혜가 있다면 나누어 보라.

_____
_____
_____

9 다음 글을 읽고 느낀 점을 말해 보라.

❊ ❊ ❊

현대 교회 안에는 교역자의 비뚤어진 우월의식이 자리 잡고 있다. 동시에 평신도의 비뚤어진 열등의식이 만연해 있다. 교역자는 자기 혼자 일을 다 하는 것처럼 큰소리를 친다. 반면 교인들은 평신도로서 이 정도면 족하다는 안일주의에 빠져 있다. 평신도를 일꾼으로 만들어 복음을 위해 함께 동역할 수 있어야 한다는 사도 바울의 철학이 결여되면 교역자는 혼자만 일을 다 한다는 우월의식을 가지게 되는 동시에 평신도들은 교역자 밑에서 명령하는 대로 움직이기만 하면 된다는 일종의 열등의식 속에 빠진다. 이것이 오늘날 한국 교회가 안고 있는 심각한 문제다. 이런 열등의식을 참지 못해 자신의 직업을 집어 던지고 신학교로 달려가는 평신도를 가끔 본다.

그러나 너도나도 다 신학교에 가면 주의 일이 제대로 되겠는가. 뵈뵈, 더디오, 브리스가와 아굴라, 가이오, 에라스도 등 위대한 바울의 동역자들이 우리에게 준 교훈은 무엇인가? 가정이 있으면서도 복음을 위해 동역자로 쓰임 받을 수 있다는 것이다. 생업을 가지고도 주님을 위해 헌신할 수 있다는 것이다. 나약한 여자이지만 주님을 위해 생명을 바칠 수 있다는 것이다. 고린도 시의 재정을 맡은 공무원 신분으로도 복음을 증거하는 데 일조할 수 있다.

미국에서 한참 각광을 받는 열 개의 대형 교회 지도자들이 있다. 그들이 자신들의 교회에 대해 이야기한 책을 보게 되었다. 10대 교회 지도자들이 공통적으로 말하는 것이 무엇인가? "교회를 제대로 성장시키고 이 땅에 주의 복음이 편만하게 하려면 교역자가 평신도와 함께 사역을 나누는 팀 리더십을 계발해야 한다"는 것이다. 목사가 교인들에게 무엇을 해 주는 것이 아니라 교인들과 함께 무엇을 할 수 있어야 한다는 뜻이다. 성공적인 목회는 목사의 설교를 듣기 위해 얼마나 많은 사람이 모이느냐에 있는 것이 아니라는 것이다. 그들은 성공적인 목회는 복음을 전하고 사람을 돌아보는 사역에 얼마나 많은 사람이 동참하느냐에 달려 있다고 말한다. 옳은 말이다. 이것이 사람을 중시하는 목회다. 이것이 사람을 중시하는 리더십이다. 바울은 우리에게 이 같은 모범이 되어 주었다.

 삶의 열매를 거두며

- -

이사야 60장 22절을 살펴보자. 이사야 선지자는 교회 안에서의 평신도의 위대함, 잠재력, 그리고 중요성에 대해 어떻게 예언하는가? 당신은 어떤 평신도가 되기를 바라는가? 주님의 영광을 위해 쓰임 받는 그릇이 되기를 바라며 달려가야 하지 않겠는가?

Lesson **52**

세세무궁토록 하나님께 영광을!

로마서 16:17-27

마음의 문을 열며

사도 바울이 전하고자 했던 복음의 핵심은 15장 13절에서 이미 끝을 맺었다고 말할 수 있다. "소망의 하나님이 모든 기쁨과 평강을 믿음 안에서 너희에게 충만하게 하사 성령의 능력으로 소망이 넘치게 하시기를 원하노라." 그 이후에 나오는 내용은 사적인 이야기와 안부 인사가 대부분을 차지한다. 그런데 편지 마지막 부분에 이르러 바울은 새삼스럽게 또 하나의 권면을 삽입해 놓았다(17절). 이것은 권면이라기보다 일종의 경고라고 하는 편이 더 적합할 것 같다. 그 이유가 무엇인가?

당시 로마 교회 안에 아직 완전히 본색을 드러내고 있지는 않지만 정신을 바짝 차리고 경계해야 할 이단이 들어와 있었다. 초대 교회 당시에 얼마나 많은 이단이 극성을 피웠는지 모른다. 일 년 내내 땀 흘려 지은 밭에 산돼지가 들어가서 순식간에 곡식을 망쳐 놓았다고 가정해 보자. 농부의 가슴은 찢어질 듯이 아플 것이다. 그와 비슷한 고통이 바울에게도 일어났다. 이단은 종종 바울이 애써 개척해 놓은 교회에 들어가 그곳을 쑥대밭으로 만들어 놓았다. 따라서 그가 로마서를 마무리하면서 새삼스럽게 이런 경고의 말씀을 삽입한 것은 조금도 이상한 일이 아니었다.

98

말씀의 씨를 뿌리며

- -

1 이단은 우리의 소중한 보물인 복음을 빼앗거나 버리도록 유혹한다. 당
신은 이런 유혹을 받은 경험이 있는가?(참고 / 히 2:1)

- -

- -

- -

- -

2 18절을 보면 이단의 정체가 무엇인지 알 수 있다. "이같은 자들은 우리
주 그리스도를 섬기지 아니하고 다만 자기들의 배만 섬기나니." 그들은
예수의 이름으로 다가오지만, 하나님을 섬기는 자들이 아니다. 그들은
자신이 하나님이고, 자신의 유익을 위해 열심을 내는 자들이다. 이것이
이단의 본색이다. 한때 시한부 종말론으로 세상을 떠들썩하게 만들었
던 이장림이라는 사람이 있다. 검거되기 전에는 그가 어떤 사람인지 잘
몰랐다. 그러나 수사 과정을 통해 그가 얼마나 더러운 사리사욕에 사로
잡혀 수많은 사람을 농락했는지 그 죄상이 적나라하게 드러났다. 2천
년 전이나 지금이나 이단의 본색은 다를 바가 없다. 오로지 자기 배만
채우려는 동기와 목적을 가지고 날뛰는 것이 이단의 정체다. 당신이 알
고 있는 다른 사례가 있다면 서로 이야기해 보자.

- -

- -

- -

3 이단을 가르치는 자들이 노리는 것은 무엇인가? 그리고 이러한 목적을 달성하기 위해 이들은 어떤 수단을 사용하는가?(17-18절)

_____

_____

_____

4 다음 내용을 읽고 왜 이것이 공교하고 아첨하는 말이 되는지 생각해 보라.

❀ ❀ ❀

우리나라에는 기성 신자를 많이 유인하는 지방교회라는 집단이 있다. 그들은 예수님에 대해 부활 전까지는 단지 사람의 아들이었으나, 부활한 다음에 하나님의 아들이 되었다고 주장한다. 또한 그들은 죄가 사탄이라고 가르친다. 그리고 예수 그리스도가 성령으로 우리 마음에 들어와서 사탄을 멸하셨으므로 죄도 함께 멸망당했다고 말한다. 따라서 이제부터는 회개할 필요가 없다고 가르친다. 죄가 사탄인가? 가령 어떤 사람이 도적질을 했다고 하면 그 도적질한 것이 사탄인가? 성경을 보면 죄를 사탄의 어떤 권세처럼 표현하는 곳은 있지만, 죄와 사탄이 하나라고 가르치는 데는 한 곳도 없다.

그들은 불신자들을 전도하기 위해 설교를 한다든지 따로 복음을 전할 필요가 없다고 주장한다. 그 대신 "오, 주 예수여"를 세 번만 외치면 구원받는다고 가르친다. 누구든지 억지로라도 "오, 주 예수여"를 세 번만 말하면 그 입을 통해 성령이 들어간다고 가르치는 것이다. 그래서 그들은 "오, 주 예수여"를 주문처럼 외운다. 리듬에 맞춰서 "오, 주 예수여"를 백번, 천 번 주문처럼 외운다. 이렇게 주문 외우듯 외우면 사람이 어떻게 되는지 아는가? 최면에 걸린다. 성경에 "오, 주 예수여"를 그렇게 하라고 했는가? 이는 인도의 하리 크리슈나(Hari Krishna)가 가르치는 주문과 무엇이 다른가? 불교의 나무아미타불과 무엇이 다른가? 그들은 지방교회 안에 들어오는 교인은 산 별이고 다른 교회에 다니는 사람은 유리하는 별이라고 가르친다. 그리고 이 유리하는 별의 운명은 캄캄한 흑암이며 지옥이라고 가르친다. 이단의 본색은 여기서 분명하게 드러난다.

5 이단에 빠진 사람들을 주의해서 살펴보면 대개 몇 가지 공통점이 있다. 정서적으로 불안하다. 순수한 복음으로 만족하지 못하거나, 무엇인가 새로운 지식을 찾아다니는 좋지 못한 근성이 있다. 그리고 귀가 얇아서 새로운 것을 들으면 정신을 못 차린다. 그리고 극성맞게 순진한 교인들을 유인한다. 이것이 이단에 빠진 사람들한테서 쉽게 발견할 수 있는 공통점이다. 당신에게 이와 비슷한 약점이 있는지 살펴보라.

6 이단에 대해 어떤 태도를 취해야 하는가?(17절, 참고 / 요이 1:10-11)

7 우리는 진리와 사랑을 혼돈할 때가 있다. 거짓 진리를 믿는 자와도 사랑으로 교제해야 한다는 식으로 생각한다. 이는 아주 위험한 생각이다. 이 점에 대해 19절은 어떤 교훈을 주는가?

8 이단에 대해 경고한 바울은 로마서의 대미를 장엄한 찬양으로 끝맺고 있다. 그는 복음을 어떻게 정의하고 있는가? '감추어지다', '나타내신 바 되다', '믿어 순종하게 하다', '전파하다' 등의 단어를 중심으로 생각해 보라.

_____

_____

_____

9 로마서를 다 쓰고 나서 바울은 얼마나 감격했겠는가? 27절을 큰 소리로 읽어 보라. 두 손을 번쩍 들고 하나님을 소리 높여 찬양하는 바울을 만날 수 있다. 바울의 그 뜨거운 열정과 감격이 당신의 가슴속에도 끓어오르는가?

_____

_____

_____

 삶의 열매를 거두며

그동안 로마서를 공부하면서 가장 마음에 남는 말씀이나 감동이 있다면 무엇인지 말해 보라.